档案数字化建设与管理研究

张国庆　刘佳媚　主编

北方联合出版传媒(集团)股份有限公司
辽宁科学技术出版社

图书在版编目(CIP)数据

档案数字化建设与管理研究 / 张国庆, 刘佳媚主编. — 沈阳 : 辽宁科学技术出版社, 2024.2
ISBN 978-7-5591-3455-4

Ⅰ. ①档… Ⅱ. ①张… ②刘… Ⅲ. ①档案管理—数字化—研究Ⅳ. ①G271-39

中国国家版本馆CIP数据核字(2024)第036752号

出版发行：辽宁科学技术出版社
（地址：沈阳市和平区十一纬路25号 邮编：110003）
印 刷 者：辽宁鼎籍数码科技有限公司
幅面尺寸：170mm×240mm
印　　张：12.5
字　　数：280千字
出版时间：2024年2月第1版
印刷时间：2024年2月第1次印刷
责任编辑：高雪坤
封面设计：博瑞设计
版式设计：博瑞设计
责任校对：王春茹

书　　号：ISBN 978-7-5591-3455-4
定　　价：68.00元

编辑电话：024-23285311
邮购热线：024-23284502
http://www.lnkj.com.cn

前言

PREFACE

信息技术的快速发展为档案数字化建设与管理提供了技术支持。随着计算机技术、网络技术和数据库技术的不断进步，档案的数字化建设和管理变得更加便捷和高效。数字化档案可以通过电子设备进行存储和传输，大大提高了档案的可访问性和可用性。数字化转型的浪潮推动了档案数字化建设与管理的发展。在数字化转型的过程中，各行各业都在积极探索如何将传统的纸质档案转化为数字档案，以提高工作效率和信息管理的质量。档案的数字化建设和管理成了企业进行数字化转型的重要一环。随着社会的发展和进步，人们对于信息获取和利用的需求越来越高。传统的纸质档案管理方式存在着信息检索困难、存储空间占用大等问题，无法满足现代社会对于信息管理的要求。档案的数字化建设和管理可以解决这些问题，提高档案管理的效率和质量。档案的数字化建设与管理的发展也受到了政府政策的支持和推动。政府部门意识到档案数字化建设与管理的重要性，积极出台相关政策和法规，推动各行各业加快档案的数字化建设和管理。政府的支持和推动为档案的数字化建设与管理提供了良好的发展环境和条件。

本书结构清晰，重点突出，兼具理论高度和可实践性，主要介绍了文书档案、电子档案、档案信息化建设与管理的设施、档案管理信息系统建设、档案信息化保障体系建设、档案信息化标准体系建设、档案信息化管理的创新、档案数字化实践等内容。

作者

2023年5月

前言

PREFACE

[illegible]

目 录

CONTENTS

第一章　文书档案

文书档案是组织和个人在日常工作中产生的重要记录和信息载体，它们记录了各种活动的过程和结果，是组织和个人工作的重要依据和证明。文书档案的形成、排列与编目、保管和利用是一个系统的过程，涉及信息的获取、整理、保存和利用等多个环节。

文书档案的形成是指在组织和个人的日常工作中，通过书面形式记录下来的各种活动和信息。这些文书档案可以是公文、合同、报告、备忘录、会议纪要等，也可以是各种形式的电子文档。文书档案的形成是组织和个人工作的必然结果，它们记录了工作的过程和结果，是组织和个人工作的重要依据和证明。文书档案的排列与编目是指将形成的文书档案按照一定的规则和顺序进行整理和归类。通过排列与编目，可以使文书档案更加有序和易于管理，方便后续的保管和利用。文书档案的保管和利用是指将排列与编目好的文书档案进行妥善保存，并在需要时进行查阅和利用。正确地保管和利用文书档案，可以保障组织和个人的合法权益，提高工作效率和质量。

第一节　文书档案的形成

一、确定文书档案的目的

文书档案的首要目的是记录和保存各种重要的文件和信息。通过文书档案的建立和管理，可以确保这些重要的文件和信息得到有效的保存，避免丢失或损坏，为组织的正常运作提供必要的支持。

通过建立良好的文书档案管理系统，可以使组织或个人快速、准确地查找和获取所需的文件和信息。这对于组织的决策制定、工作开展、问题解决等都具有重要的意义。同时,文书档案的利用还可以为组织的发展和创新提供参考和支持。文书档案的建立和管理还可以帮助组织或个人遵守法律法规,确保合规运营。通过文书档案的保存,可以为组织提供法律证据,保护组织的合法权益。例如,在合同纠纷中,可以通过文书档案提供的相关合同文件和交流记录,保证自己的权益。此外,文书档案的建立和管理还可以为组织的内部审计、风险管理等提供必要的支持。

通过保存和管理历史文书档案,可以记录组织或个人的发展历程,保留重要的历史信息和文化遗产。这对于组织的身份认同、文化传承和品牌建设都具有重要的意义。同时,历史文书档案的保存和利用还可以为学术研究、社会文化研究等提供重要的资料和参考。文书档案的建立和管理还需要注重保护隐私和个人信息。在保存和利用文书档案的过程中,需要遵守相关的法律法规,确保个人信息的安全和保密。同时,还需要建立健全的权限管理制度,限制文书档案的访问和使用范围,防止信息的泄露和滥用。

二、收集文书

(一)公文

公文是指政府机关、事业单位、企业单位等组织机构在行政管理活动中所使用的正式文件。公文的收集是指将各种类型的公文按照一定的规则和程序进行整理、归档和保存的过程。通过对公文进行收集和整理,可以使公文的查阅和使用更加方便快捷,提高工作效率。公文收集工作可以确保公文的安全性,防止公文的遗失和泄露。公文收集工作可以确保公文来源和去向的可追溯性,便于查证和审计。公文收集工作可以为组织机构的管理和监督提供依据,保证工作的规范和有序进行。

需要对公文收集工作进行管理和监督,以保证工作的规范和有序进行。组织机构可以设立专门的公文收集部门,负责公文的接收、整理、归档和销毁等工作。组织机构应当制定公文收集的规章制度,明确公文收集的程序和方法,规范公文收集工作。组织机构可以建立公文收集的信息系统,实现公文的电子化管理和存储,提高工作效率和安全性。组织机构应当加强对公文收集人员的培训和指导,提高他们的专业素质和工作能力。组织机构应当定期进行公文收集的审计和检查,发现问题及时纠正,确保公文收集工作的质量和效果。

(二)合同

合同是一种法律文件,用于明确双方的权利和义务。在日常生活和商业活动中,经常需要签订合同来保护自己的权益。通过签订合同,双方可以明确自己的权利和义务,避免纠纷和争议的发生。合同收集可以帮助我们及时找到和查阅合同文件,以便在需要时能够有效地维护自己的权益。合同收集还有助于提高工作效率。在商业活动中,我们经常需要通过查阅合同文件来了解合同条款和约定。如果没有合同收集,我们可能会花费大量的时间和精力来寻找和整理合同文件。通过合同收集,我们可以将合同文件整理有序,便于查阅和使用,从而提高工作效率。

建立一个合同收集系统是非常重要的。可以使用电子文档管理系统或纸质档案管理系统来收集和管理合同文件。电子文档管理系统可以帮助我们快速找到和查阅合同文件,而纸质档案管理系统则可以作为备份和归档保存。合同文件可以按照不同的分类进行整理,例如,按照合同类型、合同期限、合同主体等进行分类。我们可以使用文件夹、标签或数据库等工具来整理和分类合同文件。制定合同收集流程可以帮助我们规范合同收集的过程。例如,可以规定合同签订后需要及时归档、合同到期后需要进行备份等。通过制定合同收集流程,可以确保合同文件的及时归档和备份。定期检查和更新合同文件是非常重要的。可以定期检查合同文件的完整性和准确性,并及时更新合同文件。例如,可以将合同到期日记录在日历中,以便及时更新合同文件。合同文件包含重要的商业信息和个人隐私,因此需要保护合同文件的安全性。可以通过密码、加密或备份等方式来保护合同文件的安全性。

(三)报告

报告是指对某一事物、某一问题或某一工作进行系统性的调查、研究和分析,最终形成的一种书面陈述。报告通常包括背景介绍、问题分析、调查方法、数据分析、结论和建议等内容,以便对相关问题进行全面的了解和处理。

通过收集报告,可以及时了解各个部门的工作情况,包括工作进展、完成情况、存在的问题等,为领导层提供全面的工作信息。报告中的数据和分析结果可以为决策提供有力的依据，帮助领导层做出正确的决策和安排。报告中通常会提出问题和建议，通过收集报告可以及时了解存在的问题，并采取相应的措施进行解决。通过收集报告，可以及时总结和归纳工作经验，为今后的工作提供借鉴和参考。

各个部门可以按照一定的时间周期，如每月、每季度或每年，向上级报告工作情况。这种方法可以确保上级及时了解工作进展，但需要注意报告的内容和形式，以便比较和分析。在特定的事件或问题发生时，可以要求相关部门提交报告，以便了解事件的原因、影响和解决方案。这种方法可以针对性地解决问题，但需要注意及时性和准确性。在突发事件发生时，各个部门可以立即向上级报告情况，以便及时采取应对措施。这种方法需要做好应急预案和沟通机制，确保信息的准确传递和反馈。

收集报告时，要确保报告的内容准确、真实，数据和分析结果可靠。可以通过核实数据来源、与相关人员沟通等方式进行验证。及时收集报告是保证信息流通的重要环节，可以通过设定截止日期、提醒相关人员等方式来确保报告的及时提交。收集报告时，要确保报告内容的完整，包括背景介绍、问题分析、数据分析、结论和建议等。可以通过报告模板、指导文件等方式来规范报告的撰写。有些报告可能涉及敏感信息或商业机密，需要注意保护报告的机密性。可以通过限制报告的阅读权限、加密报告文件等方式来确保报告的安全性。

(四)备忘录

备忘录是一种重要的沟通工具，可以传达重要的信息和决策。通过收集备忘录，组织和个人可以了解过去的决策和行动，以及相关的背景和原因。这有助于他们更好地理解过去的工作，并对未来的工作做出更明智的决策。备忘录的收集可以帮助组织和个人建立良好的工作习惯和纪律。通过记录和收集备忘录，组织和个人可以更好地管理和组织自己的工作。备忘录可以帮助他们记住重要的事项和任务，并及时采取行动。这有助于提高工作效率和准确性，避免遗漏和延误。备忘录的收集可以为组织和个人提供历史记录和参考。备忘录记录了过去的决策和行动，以及相关的背景和原因。这些记录可以帮助组织和个人回顾过去的工作，了解过去的经验和教训，并为未来的工作提供指导。这对于组织和个人的学习和成长非常重要。

组织和个人可以建立一个统一的备忘录收集系统，包括统一的格式和命名规则等。这有助于组织和个人更好地管理和组织备忘录，并方便查找和检索。备忘录应该及时记录和收集，以免遗漏重要的信息和决策。组织和个人可以设定一个固定的时间或频率，进行备忘录的记录和收集。备忘录可以按照不同的主题、项目或时间进行分类和归档。这有助于组织和个人更好地管理和组织备忘录，并方便查找和检索。备忘录可能包含敏感的信息和决策，因此需要采取措施保护其安全性和机密性。组织和个人可以采用密码、加密或其他安全措施，确保备忘录不被未经授权的人员访问和使用。备忘录应该定期回顾和更新，以确保其准确性和有效性。组织和个人可以设定一个固定的时间或频率，进行备忘录的回顾和更新。

（五）会议纪要

会议纪要可以准确记录会议的讨论内容、决策和行动计划等重要信息。会议纪要可以作为参会人员回顾会议内容和决策过程的参考资料，帮助他们更好地理解和执行会议的决策。会议纪要可以将会议的重要信息传达给未能参加会议的人员，确保他们了解会议的讨论和决策结果。如果在会议中发生争议或误解，会议纪要可以作为证据来解决争议，避免产生不必要的纠纷。会议纪要可以用于监督会议决策的执行情况，确保决策得到及时和正确的执行。

会议纪要应该在会议结束后尽快整理并发送给参会人员，以确保信息的准确性和时效性。会议纪要应该简明扼要，重点记录会议的讨论要点、决策和行动计划等，避免冗长和重复。在会议纪要中标注重要信息，如决策结果、责任人和截止日期等，以便参会人员快速查找和理解。将会议纪要按照日期或会议主题进行分类存档，以便日后查阅和管理。定期回顾会议纪要，确保决策得到及时执行，并及时更新会议纪要中的信息。对于涉及机密或敏感信息的会议纪要，应采取相应的保密措施，确保信息的安全性。

第二节 文书档案的排列与编目

一、文书档案的排列

文书档案的排列是指将各种文书按照一定的规则和顺序进行分类、整理的过程。良好的文书档案排列可以提高工作效率，方便查阅和管理。

文书档案的分类是指将各种文书按照其性质、用途、内容等进行划分和归类。常见的分类方式有以下几种：按照文书的性质分类，如公文、函件、报告、备忘录等；按照文书的用途分类，如行政文书、业务文书、财务文书等；按照文书的内容分类，如人事文书、合同文书、会议文书等。

文书档案的整理是指对分类好的文书进行整齐有序的排列和摆放。具体步骤如下：将同一类别的文书放在一起，形成一个文书组；按照文书的重要性、使用频率等因素，确定文书组的排列顺序；在每个文书组内，按照文书的时间顺序进行排列，最新的文书放在最前面；对于较大的文书，可以使用文件夹或文件夹夹层进行整理，以便存放和查找。

二、文书档案的编目

通过编目，可以对文书档案进行标识和索引，方便对其进行管理和检索。编目是文书档案管理的基础工作，也是实现文书档案有效利用的前提。

通过对文书档案进行编目，可以对其进行分类和编号，使得文书档案的存放和管理更加有序和规范。编目可以对文书档案进行描述和索引，使用户可以通过关键词、分类、编号等快速找到所需的文书档案。编目过程中，需要对文书档案进行详细的描述和标识，这可以帮助保证档案的完整性和准确性。编目应遵循统一的规范和标准，确保编目结果的一致性和可比性。编目应基于科学的分类原理和方法，合理划分文书档案的类别和层次。编目应以用户需求为导向，注重实用性和可操作性，方便用户进行检索和利用。编目应具备一定的可扩展性，能够适应文书档案数量和种类的增加。

编号编目法是为文书档案分配唯一的编号，以便对其进行标识和索引的方法。编号编目法可以通过数字、字母、符号等进行编号,还可以根据需要进行扩展和调整。描述编目法是对文书档案进行详细的描述和标识,以便用户了解文书档案的内容和属性的方法。描述编目法可以包括文书档案的标题、作者、日期、主题、关键词等信息。随着信息技术的发展,自动化编目法逐渐得到应用。自动化编目法通过计算机技术对文书档案进行编目和检索,提高了编目的效率和准确性。在进行编目之前,需要明确编目的目标和要求,包括编目的范围、分类原则、编目结果的形式等。收集文书档案的相关信息,包括标题、作者、日期、主题、关键词等。根据收集到的信息,按照一定的分类原则对文书档案进行分类编目。为文书档案分配唯一的编号,以便对其进行标识和索引。对文书档案进行详细的描述和标识,包括标题、作者、日期、主题、关键词等信息。根据编目结果建立索引,方便用户进行检索和利用。

编目是一个长期的工作,需要进行管理和维护。在编目过程中,需要建立编目规范和标准,制定编目流程和工作指南,对编目结果进行审核和修订。同时,还需要定期对编目结果进行备份和归档。

第三节 文书档案的保管和利用

一、文书档案的保管

文书档案中包含了一个单位或组织的核心技术、商业机密等重要信息,保管好文书档案可以防止这些信息被泄露或盗用。文书档案记录了一个单位或组织的各种活动和事务,保管好文书档案可以确保工作的连续性,避免因为文书档案丢失或损坏而导致工作中断或延误。文书档案是对外交流和证明的重要依据,保管好文书档案可以保障一个单位或组织的法律权益,防止因为文书档案丢失或损坏而导致法律纠纷或损失。文书档案中包含了丰富的信息资源,保管好文书档案可以促进信息的共享和利用,提高工作效率和质量。

保管文书档案应保证其完整性,即保管所有与单位或组织活动和事务相关的文书档案,不得随意删除或销毁。保管文书档案应保证其可靠性,即保证文书档案的真实、准确和可信度,不得篡改、伪造或损坏。保管文书档案应保证其安全性,即采取措施确保文书档案不被盗窃、丢失或损坏,防止非法获取和使用。保管文书档案应保证其便捷性,即文书档案的存放和检索应方便、快捷,便于使用和获取。

根据文书档案的性质和用途进行分类存放,如按照文件类型、时间顺序、部门分类等进行存放,便于管理和检索。根据文书档案的数量和大小,合理安排文书档案的存放位置,确保文书档案的安全和便捷。对于存放的文书档案,应进行标识管理,如标注文件名称、编号、存放位置等信息,方便查找和归档。定期对文书档案进行检查,发现问题及时处理,确保文书档案的完整性和可靠性。对于电子文书档案,应进行定期备份存储,以防因为电脑故障或病毒攻击导致文书档案丢失。采取安全措施确保文书档案的安全,如设置密码、安装防火墙、限制访问权限等。对文书档案保管人员进行培训和教育,提高其保管文书档案的意识和能力。

二、文书档案的利用

文书档案在历史研究中具有重要的价值。文书档案是历史研究的重要依据,通过对文书档案的研究,可以还原历史事件的真实面貌,揭示历史人物的思想、行动和决策过程,为历史学家提供了多样的研究素材。例如,通过对政府机关的公文档案的研究,可以了解政府的决策过程和政策的实施情况,为研究政府的历史做出贡献。此外,文书档案还可以用于研究社会经济发展、文化变迁等方面的问题,为历史学家提供了重要的证据和线索。

文书档案在法律依据中具有重要的作用。文书档案是法律事务的重要依据,通过对文书档案的查阅和分析,可以确定事实真相,为法律判决提供依据。例如,在法庭审判中,律师和法官可以通过查阅相关的文书档案,了解案件的背景和证据,为案件的审理提供依据。此外,文书档案还可以用于法律文书的起草和审批,为法律事务的处理提供依据和参考。

文书档案在决策参考中具有重要的作用。文书档案是决策者了解问题和制定决策的重要依据,通过对文书档案的研究和分析,可以了解问题的背景,为决策者提供决策参考。例如,在政府决策中,政府官员可以通过查阅相关的文书档案,了解社会经济发展的情况和问题的症结,为制定政策提供依据。此外,文书档案还可以用于企业管理和组织管理中的决策参考,为管理者提供决策支持。

文书档案在信息查询中具有重要的作用。文书档案是组织机构和个人日常工作的重要信息来源,通过对文书档案的查询和检索,可以获取所需的信息。例如,在组织机构的管理中,管理者可以通过查询相关的文书档案,了解员工的工作情况和工作成果,为绩效考核和人事管理提供依据。此外,文书档案还可以用于个人的学习和研究,为个人获取所需的知识和信息提供便利。

文书档案在文化传承中具有重要的作用。文书档案是组织机构和个人的文化遗产,通过对文书档案的保护和传承,可以传承和弘扬文化传统。例如,在企业文化建设中,可以通过对文书档案的整理和展示,增强员工的归属感和凝聚力。此外,文书档案还可以用于文化研究和文化创作,为文化的传承和创新提供依据和素材。

第二章　电子档案

电子文件的出现和普及，极大地改变了传统的纸质文件管理方式，为人们的工作和生活带来了巨大的便利。电子文件的收发通过电子邮件等工具来完成，提高了工作效率。电子文件的积累与归档需要科学、规范的管理制度和流程。电子档案的保管需要采取一系列的措施，确保档案的安全和可用性。电子档案的利用可以帮助人们获取所需的信息和知识，促进学术研究和社会的发展。通过深入研究和探讨电子文件的管理及电子档案的保护和利用，可以更好地应对信息化时代的挑战，提高工作效率和生活质量。

第一节　电子文件的收发与管理

一、电子文件的发出

电子文件的发出流程是指将电子文件从一个地方发送到另一个地方的过程。这个过程通常涉及选择文件、添加收件人、编辑邮件内容、附加文件、发送邮件等多个步骤。下面是一个典型的电子文件发出流程的详细描述。首先，需要从计算机或其他存储设备中选择要发送的文件，可以是文档、图片、音频、视频或其他任何类型的文件。接下来，需要添加收件人的电子邮件地址，可以是一个或多个人的地址，也可以是一个邮件列表或组的地址。确保输入的地址准确无误，以免发送给错误的收件人。在邮件正文中，可以输入一些文字来解释或描述发送的文件，可以是一封简短的附言，也可以是一封详细的信件。确保邮件内容清晰明了，以便收件人理解。在邮件中添加要发送的文件，可以通过拖放文件到邮件窗口，或者通过点击“附加文件”按钮来完成。确保选择正确的文件，并注意文件大小，以免超过邮件服务器的容量限制。对邮件进行格式化,以使其外观更加专业和易读,可以使用字体、颜色、对齐等功能来调整邮件的外观,还可以添加链接、图片或其他媒体来增强邮件的内容。在发送邮件之前,建议预览邮件以确保正确无误。检查邮件的格式、附件、收件人等信息是否正确。如果需要进行更改,可以返回上一步进行编辑。最后,点击“发送”按钮将邮件发送给收件人。邮件将通过互联网传输到收件人的电子邮箱中。发送后,可以收到一封确认邮件,表示邮件已成功发送。一旦邮件发送成功,可以使用邮件客户端或邮件服务供应商的跟踪功能来查看邮件的状态,包括邮件是否已被收件人打开、是否已被转发等。为了方便以后的查阅和管理,建议将已发送的邮件存档,可以通过将邮件移动到特定的文件夹或标记为“已发送”来实现。

二、电子文件的接收

电子文件的接收流程是指在电子化办公环境下,如何接收和处理电子文件的一系列流程。可以通过电子邮件、文件传输协议(FTP)、云存储等方式接收电子文件,根据实际情况选择合适的方式。根据文件的种类和用途,建立相应的目录结构,方便文件的分类和管理。制定统一的文件命名规则,包括文件名的格式、前缀、后缀等,以便后续的查找和归档。

根据事先确定的方式,接收发送方发送的电子文件,可以通过电子邮件收件箱、FTP客户端、云存储客户端等工具进行接收。接收文件后,首先要检查文件的完整性,确保文件没有损坏或丢失,可以通过文件大小、文件格式、文件校验等方式进行检查。检查接收到的文件是否符合事先确定的文件命名规则,如果不符合,需要进行重命名操作,以便后续的管理和查找。将接收到的电子文件按照事先确定的目录结构进行归档,确保文件能够被方便地查找和管理,可以根据文件的种类、日期、发送方等进行分类归档。为了方便后续的检索和管理,可以为接收到的电子文件添加一些属性信息,如文件标题、关键词、作者、创建日期等,可以通过文件管理软件或文件属性编辑器进行添加。为了防止文件丢失或损坏,需要定期对接收到的电子文件进行备份,可以将文件复制到其他存储介质或云存储中,确保文件的安全性和可靠性。在接收到电子文件后,应及时向发送方发送接收确认,以便发送方知道文件已经被接收,可以通过电子邮件、即时通信工具等方式发送确认信息。

在接收电子文件的过程中，要注意网络安全，防止恶意软件、病毒等对电子文件的损害，可以使用杀毒软件、防火墙等工具进行防护。在接收电子文件的过程中，要注意保护文件的隐私，防止文件被未授权的人员访问和使用，可以通过加密、访问权限控制等方式进行保护。接收到电子文件后，要及时处理文件，避免文件长时间滞留在接收端，影响工作效率，可以根据文件的紧急程度和重要性进行处理。定期清理接收端的电子文件，删除不再需要的文件，以节省存储空间和提高文件管理效率。建立定期备份电子文件的机制，确保文件的安全性和可靠性，可以制定备份策略，如每天备份1次、每周备份1次等。对于需要审批的电子文件，建立相应的审批流程，确保文件的合规性和准确性，可以使用电子审批系统进行审批流程的管理。

第二节　电子文件的积累与归档

一、电子文件的积累

鉴于电子文件形成与管理的特殊性，根据GB/T 18894—2016《电子文件归档与电子档案管理规范》(以下简称《规范》)的规定，电子文件的收集积累应当符合以下几个方面的要求。

正式文件是纸质的，如果保管部门已开始进行将纸质文件内容录入计算机的数字化转换工作，则与正式文件定稿内容相同的电子文件应当保留，否则可根据实际条件或需要，确定是否保留。当公务或其他事务处理过程中只产生电子文件时，应采取严格的安全措施，保证电子文件不被非正常改动。同时，应随时对电子文件进行备份，存储于能够脱机保存的载体上。对在网络系统中处于流转状态、暂时无法确定其保管责任的电子文件，应采取捕获措施，集中存储在符合安全要求的电子文件暂存存储器中，以防散失。对用文字处理技术形成的文本电子文件，收集时应注明文件存储格式、文字处理工具等，必要时同时保留文字处理工具软件。文字型电子文件以XML、RTF、TXT为通用格式。

对用扫描仪等设备获得的、采用非通用文件格式的图像电子文件,收集时应将其转换成通用格式,如无法转换,则应将相关软件一并收集。扫描型电子文件以JPEG、TIFF为通用格式。对用计算机辅助设计或绘图等设备获得的图像电子文件,收集时应注明其软、硬件环境和相关数据。对设备的依赖性以及易修改性等问题,不可遗漏相关软件和各种数据。对用视频或多媒体设备获得的文件以及用超媒体链接技术制作的文件,应同时收集其非通用格式的压缩算法和相关软件。视频和多媒体电子文件以MPEG、AVI为通用格式。对用音频设备获得的声音文件,应同时收集其属性标识、参数和非通用格式的相关软件。音频电子文件以WAV、MP3为通用格式。对用通用软件产生的电子文件,应同时收集其软件型号、名称、版本号和相关参数手册、说明资料等。专用软件产生的电子文件原则上应转换成通用型电子文件,如不能转换,收集时则应连同专用软件一并收集。计算机系统运行和信息处理等过程中涉及的与电子文件处理有关的参数、管理数据等应与电子文件一同收集。对套用统一模板的电子文件,在保证能恢复原形态的情况下,其内容信息可脱离套用模板进行存储,被套用模板作为电子文件的元数据保存。定期制作电子文件的备份。

二、电子文件的归档

(一)电子文件归档的组织管理

以电子文件形成到归档的过程来看,相关部门都参与了这些工作,这些部门通过电子计算机网络联成一个有机的整体,由于工作的联系密切,有时职责界限难以分清,所以,加强组织领导和协调管理十分必要。一般情况下,由主管部门或负责人统一协调,指定专门机构或专人负责。由于电子文件的形成、收集积累贯穿整个公务活动的始终,只有电子文件的形成者或承办人熟悉电子文件的内容及其相互关系,因此,电子文件的收集积累、整理归档应由电子文件的形成者或承办部门负责,这样才能保证电子文件的质量。同时,归档又是档案工作的基础和首要环节,需要档案部门的指导和参与。归档后形成的电子档案的管理应由档案部门负责,电子文件形成部门也要协助支持。

(二)电子文件的归档要求

电子文件的归档除了应遵照纸质文件的归档要求以外,还应在电子文件积累、鉴定、归档等各个环节中按照国家有关规定执行,即从文件形成开始就遵循电子文件管理的有关规定要求,经过最初电子文件的收集积累、确认采集、登记到电子文件的鉴定、归档范围、归档时间、归档方式的确定。这样归档的电子文件就能达到基本要求。在保证归档电子文件齐全完整、真实有效、格式规范、系统整理的条件下,归档的电子文件还应符合以下几个方面的要求。在进行电子文件归档工作时,应对归档电子文件的基本技术条件进行检测,检测内容包括硬件环境的有效性、软件环境的有效性及信息记录格式、有无病毒感染等。电子文件形成部门或信息管理部门应定期把经过鉴定、符合归档条件的电子文件向档案部门移交,并按照档案管理要求的格式将其存储到符合要求的脱机载体上。各单位档案部门应明确本单位电子文件归档的时间、范围、格式的要求,保证归档文件的质量。具有永久和长期保存价值的电子文件,在归档时应同时保存电子文件的纸质版本或缩微品。归档电子文件同时存在相应的纸质或其他载体形式的文件时,应在内容、相关说明及描述上保持一致。加密文件应在解密后进行归档。压缩文件应在解压缩后进行归档。

第三节　电子档案的保管

一、电子档案保管概述

(一)电子档案保管工作的概念

电子档案的保管是电子档案管理的一个重要工作环节,就是在有价值的电子档案归档后,进入静态保存的活动。从这个意义上说,电子档案的保管工作就是电子文件归档后,以物理方式和逻辑方式在库房等地的静态保存以及进行数量和质量的管理工作。

电子档案的保管和电子档案的维护、电子档案的保护、电子档案的保存等概念有差别。电子档案的维护和电子档案的保护主要强调的是技术层面的问题,它们都是保管电子档案,使电子档案长久有效的一种技术手段。同时,二者也有不同。电子档案的维护是指信息维护(备份、载体转换、权限控制)和载体维护(温、湿度控制)。电子档案的保护是指根据电子档案的虚拟和实体的制成材料的变化规律,研究保护电子档案的技术和方法,主要从库房建筑、预防、修复3个方面达到长久保护归档电子文件的目的。

(二)电子档案保管工作的内容和要求

1.电子档案保管的内容

电子档案的保管,显然不仅仅是维护文件的完整与安全,其更深刻的工作内容在于保证真实、可靠和有价值的档案的可用性、可理解性和利用的可能性。为达到这个双重目的,必须有更多、更新的工作内容和工作规则。

从维护完整性和安全的角度而言,建立多套备份应成为一项常抓不懈的制度。计算机专家曾经说过,使用电脑最关键的问题有3个:第一是备份,第二是备份,第三还是备份。也可以说,会不会备份是能力问题,而肯不肯备份是态度问题。作为保存电子档案的系统,备份是电子时代的副本。备份中的一份需要封存,一般只用于与其他拷贝件核校之用,以维护其原始性和真实性,其他则可以对外使用。要加强电子档案日常的可读性检测。影响电子档案可读性的因素有3个:机读系统、介质、病毒。对于机读系统,可通过换代更新解决,而介质检测的目的是检查载体质量,病毒很大程度上是影响电子文件内容的主要原因。

2.电子档案保管的要求

我们应按照国家信息安全等级保护标准和涉密信息系统分级保护管理规定建立电子档案管理系统和信息内容安全保密防护体系,执行严格的安全保密管理制度。定期对电子档案的保管情况、可读取状况等进行测试、检查,发现问题及时处理。电子档案运行的软、硬件环境以及存储载体等发生变化时,应当将其及时迁移、转换,随着系统设备更新或系统扩充,应及时对归档电子文件进行迁移操作,并填写归档电子文件迁移登记表。电子档案应当实行备份制度。根据电子档案不同载体保管环境的要求,选择适宜的保管条件。

二、电子档案的逻辑维护

(一)系统维护与系统升级

1.做好系统日常维护工作

对与电子档案有关的系统环境(包括机器设备)进行保养和维护,是对电子档案间接的物质保护,是对电子档案进行物质保护的另一个方面。我们应对其进行经常性的检测、保养,并将保养和维护的情况记录下来,建立检测、保养卡,以备查考。

对与电子档案有关的系统环境(包括机器设备)进行保养和维护的措施一般包括:保持磁带机、软盘驱动器的清洁,对磁带定期进行倒带,保持计算机及其相关设备的良好状态,保持电子档案库房内合适的温、湿度,防止强磁场干扰,做好防水、防尘、防火等方面的工作,建立并严格遵守电子档案库房管理制度等。

2.应对计算机系统升级的方法

再生性技术保护是一种最保守的做法。为了避免技术过时,将电子文件数字信息转移到纸或缩微胶片上,不再使用电子计算机软、硬件读出。这种方法为长期保存信息提供了方便并避免了技术过时带来的麻烦。同时也存在一定的问题:一是有些信息无法转移到硬拷贝上,如声音信息、超文本信息、多媒体信息等;二是失去了电子档案的原有面貌,也失去了电子格式传递和使用的灵活性。

仿真是解决数字信息长期存取的最初尝试。仿真是用一个计算机系统模拟另一个计算机系统,使前者的功能完全与后者相同,即前者接收与后者相同的数据,执行与后者相同的程序。它可以使一个计算机系统执行为另一个计算机系统编写的程序,而不必重新编写程序。从维护电子信息的可读性角度来讲,所谓仿真就是制作一个仿真器,模仿电子信息生成时的软、硬件环境,使电子信息能够以原始状态得以实现。仿真技术方法主要包括:模仿应用软件、模仿操作系统、模仿硬件平台。进行仿真一般由以下几个部分组成:①建立一种具有普遍适用性的技术,用于描述在将来未知平台上进行的、能够捕捉再现当前和为了电子文件行为所需的各种属性的仿真器。②设计一种技术,能以人们可读的方式保存、查找、访问和重现电子文件所需的元数据,从而使仿真技术可以用于存储。③设计一种技术,将文档、元数据、软件和仿真说明一起封装,从而保证其间的联系,防止丢失。通俗地说,仿真软件就是升级了的软件,它使应用程序可以在非原技术平台上运行。但在实际过程中,仿真的兼容性并不可靠,其自身的稳定性也不能得到保证,它只是延缓技术淘汰的一种方法。

(二)防治电脑病毒

控制传播媒介是防范电脑病毒的首要措施。电脑病毒的传播途径是多种多样的,主要可以分为以下两种:第一,通过存储设备来传播,包括移动硬盘、U盘、光盘等;第二,通过计算机网络进行传播,如浏览网页、下载文件或软件等,计算机网络目前已成为计算机病毒的主要传播途径。

根据计算机病毒的特点,想从根本上杜绝计算机病毒的产生和发展是不可能的,但是我们可以将计算机病毒的危害降至最低。为此,应从以下几个方面来开展工作,以达到防治计算机病毒的最佳效果。

1.加强安全意识和学习安全知识

让每个计算机使用者明白数据信息安全的重要性,理解保证数据信息安全是所有计算机使用者共同的责任,掌握一定的计算机安全知识,明确病毒的危害,文件共享的时候尽量控制权限和增加密码,对来历不明的文件运行前进行查杀,小心地使用移动存储设备。在使用移动存储设备之前进行病毒的扫描和查杀都可以很好地防止病毒在网络中的传播。在预防电脑病毒的过程中,主观能动性起到了很重要的作用。

2.建立严格的用户访问体系

用户的访问控制可分为3个过程:①用户名的识别与验证。②用户口令的识别与验证。③用户账号的识别与验证。在这3个过程中,若其中任何一个不能通过,计算机系统就会将用户视为非法用户,阻止其访问。建立用户名、口令及账号的识别与验证体系,严格控制用户的访问,是防范病毒入侵的第一道防线。

3.安装专业的防病毒软件并开启全面监控

在病毒日益增多的今天,使用杀毒软件进行防范和消灭病毒是简单有效并且相对有性价比的选择。用户在安装了反病毒软件后,应该经常升级版本,并定期查杀计算机。将杀毒软件的各种防病毒监控打开,这样可以很好地保障计算机的安全。当您的计算机发现病毒或异常时应立即中断网络,然后尽快采取有效的查杀病毒措施,以防止计算机受到更严重的感染,或者成为传播源感染其他计算机。

4.建立完善的备份和计算机恢复体系

给计算机系统建立完善的备份和恢复体系也是防止病毒入侵、减少病毒破坏的积极有效措施之一。建立强大的数据库预警系统和将重要数据及时进行备份,确保在任何情况下,重要数据均能最大程度地得到恢复,以尽可能减少病毒感染所造成的损失。并且可根据情况将档案数据定期进行更新备份,有了及时的备份可以在系统感染病毒后将损失程度降到最低。当然,备份对于系统在其他故障后的恢复和信息安全也是十分必要的。

5.养成良好的设备使用习惯

为减少病毒感染造成的文件信息损失,在硬盘的中存储档案数据时,最好将计算机硬盘分区使用,并且要经常检查计算机运行情况,以便及时发现问题,及时处理。现在有些病毒具有很强的隐蔽性,因此检查要细致认真,采用科学有效的方法。

三、电子档案的物理防护

(一)电子档案载体的选择

选择载体应遵循以下原则:①尽量选择有国际和国家标准的载体。②其使用的软、硬件应有多个供应渠道。③载体内在性能稳定,耐久性得到公认。④能较方便地进行保护。⑤载体及其记录所必备的软硬件,价格便宜并为用户所接受。⑥能较容易地检测出载体的质变现象,以便能在载体变化之前将文档复制到新的载体上。

(二)电子文件归档载体的保管

①载体上应做防写处理,不得擦、划、触摸记录涂层。环境温度选定范围为17℃~20℃,相对湿度选定范围为35%~45%,存放时应注意远离强磁场,距离强磁场10 m以上,并与有害气体隔离。②存档电子文件的定期抽样检查、载体复制、信息迁移应有保证。为了确保电子文件信息内容长期存取的有效性,《规范》中规定应采取以下管理措施:每满1年,对电子档案涉及的形成单位和档案保管部门的设备更新情况进行1次检查登记;每满2年,进行1次抽样机读检验,抽样率不低于10%,如发现问题应及时采取恢复措施;设备环境更新时应确认库存载体与新设备的兼容性,如不兼

容,应进行电子档案的载体转换工作,原载体同时保留时间不少于3年;磁性载体上的电子档案,每4年转存1次,原载体同时保留时间不少于4年。③对机密信息载体的销毁管理。在销毁过程中,应对机密信息加以保护。对原存储过机密信息的介质,应从载体上加以销毁,不得再次使用。

第四节 电子档案的利用

一、电子档案利用工作的原则

(一)建立电子档案数据库

与传统纸质档案相比,电子文件的优势在于快速便捷的检索和利用。这靠人工是无法实现的,只有借助计算机等现代化设备和设计科学的管理系统、齐全完备的档案数据库才能实现。必须建立一整套电子档案管理制度,才能实现电子档案管理的标准化和规范化。档案目录数据库既要符合国家标准,又要便于实际操作。要对综合档案馆所属的各立档单位的文件及档案的著录项目、内容、格式和数据库结构等做出统一的规定。同时,还要对档案数据库管理软件、硬件数据指标、文档格式等加以统一和规范。软件的统一使档案目录数据库在形成阶段就将著录项目、格式和结构加以统一,以便将来电子目录进入档案馆后实现数据共享,从而解决因软件不同造成数据无法转换和不能读取的问题。

档案目录数据库主要由两大部分组成:第一部分是立卷改革前所形成的档案的数字化,其特点是要录入的文件分级目录时间跨度长、数量多;第二部分是立卷改革后归档文件目录的计算机录入,其特点是要录入的文件分级目录时间跨度短、数量少。但对于有些较大的立档单位,最好的办法还是将计算机录入工作分散到该立档单位的内设机构中,由内设机构负责归档文件的计算机录入,档案室在接收归档文件的同时接收电子目录,并将其合并为本单位的档案目录数据库,同时将重要的文件原文扫描,进而向档案馆移交电子目录,形成档案馆的电子档案目录中心。对于档案馆来说,其主要职责是对各立档单位的电子档案目录库的形成、积累、保管、整理进行指导和监督,接收和转换各档案室移交的电子文件目录,形成目录数据库。

(二)建立新的利用规则

与纸质文件档案相比,电子档案在利用中最突出的问题是信息安全。一方面,电子信息的不稳定性使利用活动中潜藏着对信息原始性的威胁;另一方面,随着网络的普及,电子档案的利用窗口将从档案阅览室分散到四面八方的计算机屏幕上,使以往许多行之有效的控制手段变得无能为力,必须重新思考、建立专门的电子文件利用制度。

应对需要控制使用的电子档案用密码技术、用户身份验证技术等方法进行加密。档案管理人员无法亲眼见到身在各处的所有利用者,对其利用权限的管理只能靠计算机系统鉴别和控制。我们的计算机系统应尽可能地使用先进的技术,加强对用户权限的管理,确保档案信息的安全。档案部门应根据现有的信息安全技术水平采取适当的利用方式,在不能确保安全时可以对利用方式加以限制,如仅限在档案室内阅览、转换成纸质档案提供等,以防出现泄密,信息系统失真、损失,病毒入侵等方面的问题。在阅览室操作以及档案数据外借、复制等方面都应有具体的规定。在电子档案进入网络前应对网络安全状况进行深入、细致的研究,因为进入网络的文件不仅扩大了使用范围,而且改变了人们的利用方式。设计和选择电子档案利用方式时不仅要考虑有关信息安全的问题,同时也要考虑其是否方便利用。电子档案的利用才刚刚开始,大规模的利用活动还没有开展。现在我们所制定的电子文件利用规则,大多还是处于想象、推测阶段,缺少足够的实践经验的支持。因此,它必将处于不断的改进之中。

二、电子档案提供利用的方式

(一)非在线提供利用

1.直接阅览

阅览是提供利用的一种常用方式,就机构而言,适用于档案和用户较多、用房条件较好、计算机设备较多的档案馆;就电子档案资源而言,阅览适合于那些尚未上网或不方便、不适宜、不必要上网的材料,比如一些限制使用的机密性材料等。这是一种直接利用电子文件的方式,是指利用档案部门或另一检索机构的电脑,在档案部门的网络上直接查询的一种方法。其特点是:①可为利用者提供技术支援。②同通信传输相比减少了大量的管理工作。③可以使更多的读者同时利用同一份电子文件。

2.复制供应(提供存储载体的拷贝件)

拷贝档案载体时,可以方便地转换文档格式或拷贝其中的部分内容,还可以打印档案信息。利用普及的电脑网络,由档案管理部门提供电子档案追溯检索服务(RS)和定题检索服务(SDI),多方位开展电子文件的利用工作。

如果利用者查阅电子档案后,需要抄录档案内容,档案室或档案馆则可提供电子档案拷贝件,或者利用者须将电子档案借出时,档案室或档案馆也可提供电子档案拷贝件。所谓提供电子档案拷贝件,就是档案部门向利用者提供记录在特定载体上的电子档案。所使用的拷贝载体应视不同的利用对象和利用对象的不同需要与用途而定。使用大型电子计算机设备的利用者,以提供磁带或硬磁盘为宜;对一般的微型电子计算机使用者,如果文件数据量较小且用于一般用途,可用U盘进行拷贝;若是大批量的电子档案,则可考虑用一次写光盘进行拷贝。当利用者不具备利用电子档案的软、硬件平台时,也可向这些用户提供纸质拷贝件(硬拷贝)或缩微品。

3.通信传输

用网络传输电子档案,这一方法比较适合馆际之间的信息资源互相交流及向相对固定的查档单位提供档案资料,可以通过点对点转换数字通信或互联网络来实现。同样也适用于医院之间,比如,远程会诊就是将患者的电子病历、X线片、CT片、核磁共振片等通过计算机网络传给异地的医学专家,使专家们能在异地掌握该患者的基本病情,从而制定出相应的治疗方案,真正实现异地信息资源共享。这一点也充分体现了电子文件的资源共享性。

4.其他非在线服务

其他非在线服务,如咨询服务、展览、信息发布、提供电子档案编纂材料等。咨询服务是指档案人员以电子文件信息为依据,以口头或书面形式为用户解答有关电子文件及其管理状况的一种服务方式。

(二)在线提供利用

所谓在线提供利用,就是电子档案管理者通过网络向利用者提供电子文件以便利用者进行利用的活动,我们又把这种提供利用方式称为逻辑虚拟方式。这种提供利用方式适用于向数字档案馆提供电子档案，也适用于建立有局域网且电子档案管理系统比较完善的本单位内的电子档案的提供利用。在线提供利用就是通过网络传输的方式提供电子档案。这种提供利用电子档案的方式具有快捷可靠、利用者不需获得和保管电子文件的存储载体、保管者也不需包装和向利用者寄送电子档案存储载体的拷贝件等优点。它将是未来网络时代电子档案提供利用的主要方式。在线利用仍然存在着保密的问题。GB/T 18894—2016《电子文件归档与电子档案管理规范》规定，对具有保密要求的归档电子文件采用联网的方式利用时，必须符合国家或有关部门的保密规定，要有稳妥的安全保密措施。

第三章 档案信息化建设与管理的设施

随着信息技术的不断发展,档案管理也逐渐向信息化方向发展。在档案信息化建设中,设施是不可或缺的一部分,它对档案信息化建设的顺利进行起着重要的作用。

设施提供了档案信息化建设的基础条件。设施包括硬件设备和软件系统两个方面。硬件设备包括计算机、服务器、存储设备等,这些设备是进行电子档案存储和管理的基础设施。软件系统包括档案管理系统、数据库系统等,这些系统提供了档案信息化管理的功能和工具。没有设施的支持,档案信息化建设就无法进行。设施提高了档案管理的效率和质量。传统的纸质档案管理需要大量的人力和物力投入,而且档案的检索和利用也比较困难,而通过设施的支持,档案信息化建设可以实现档案的快速检索和利用,大大提高了档案管理的效率。同时,设施还可以提供安全保障,防止档案的丢失和损坏,保证档案管理的质量。设施还可以提供档案管理的决策支持。通过设施的支持,可以对档案进行大数据分析和挖掘,为决策者提供决策依据。同时,设施还可以实现档案的数字化展示和虚拟化操作,提供更加直观和便捷的档案管理方式。

第一节 网络基础设施

档案信息化管理与建设的网络基础设施是针对档案信息化的特殊要求而建设的档案信息收集、管理、存储、利用和传输的技术平台,它将分布在不同地域、不同部门的档案信息资源连接起来,通过信息资源的互通互联、集成共享,充分提升档案信息化的整体效能。

一、服务器

服务器承担档案信息化数据存储、管理和应用系统运行的任务，具有高速度、高可靠性、高性能、大容量存储等特点，为各用户端的访问提供各种共享服务。服务器是网络环境中的高性能计算机。所谓高性能，是指服务器的构成虽然与一般Personal Computer（PC，个人计算机）相似，但是它在稳定性、安全性、运行速度等方面都高于PC，因为服务器的CPU、芯片组、内存、磁盘系统等硬件配置都优于PC。服务器接收网络上的其他计算机终端提交的服务请求，并提供相应的服务，为此，服务器必须具有承担和保障服务的能力。档案计算机网络系统建设可根据需要提供的功能、性能、数据量等配置一台或多台服务器。

（一）服务器功能的确定

服务器按照其提供的服务可以分为文件服务器、应用服务器、数据库服务器、Web服务器等。由于档案管理系统的目录和全文数据量庞大，一般来说，应配置数据库服务器或文件服务器，如果涉及多媒体档案管理，为了提高系统性能，可以配置多媒体数据库服务器。此外，还可配置运行档案管理应用系统的应用服务器，不同级别或地域的档案部门可根据系统的规模各自配置或集中配置应用服务器。如需实现档案数据网上查询服务，需配置web服务器；如需加强档案馆的安全管理，需配置数据备份服务器；为了支持办公自动化系统中大量电子邮件的发送，也可配置专用的E-mai1服务器等。

（二）服务器数量的确定

根据本单位投入资金的多少、信息化应用功能的需求、数据的存储和分布要求等来考虑服务器的数量。原则上FTP服务器、E-mail服务器、Web服务器、内部业务服务器、数据服务器等都需要单独建设，但考虑到资金和安全等因素的限制，应至少建设一个支持办公管理的业务服务器、提供对外服务和内部公共服务及允许外网访问的公共服务器、支持档案管理工作运行并提供档案数据存储和管理服务的档案数据专用服务器。

（三）服务器性能的确定

不同架构、不同品牌、不同档次的服务器，其性能、质量、价格有很大的差别，选择服务器时要综合考虑档案业务的需求和资金条件，同时还要考虑选择能够提供良好服务的供应商。每个服务器的性能主要取决于CPU、主板和服务器芯片组的性能,服务器系统的功能与可靠性取决于每台服务器的功能和服务器集群的部署与连接方式。

(四)操作系统的选择

每台服务器上安装的第一个软件就是操作系统。它是控制和管理计算机硬件与软件资源、支持计算机联网通信、提供多种应用服务的基础软件,也是各类应用程序加载、运行的软件支撑平台。操作系统按照应用领域可分为桌面操作系统、服务器操作系统和嵌入式操作系统。一台服务器能够安装和兼容哪一类操作系统一般在出厂时就已基本确定,用户在选购服务器时也会连同操作系统一起购买。操作系统的选择同时还需要考虑用户所选用的核心业务系统,如档案管理信息系统的应用程序运行模式、所需要的操作系统与数据库管理系统的支撑环境等。

(五)服务器连接与工作方式的确定

为确保网络数据的安全存储与高效访问,网络上的服务器通常采用集群工作的方式实现互联,具有灾难备份系统的还可能在异地建立镜像服务器系统,服务器之间的通信与数据交换方式根据业务系统的需要而定,可以是实时的,也可以是定时的。

二、应用软件

系统软件的特点是通用,它并不针对某一特定应用领域,而应用软件的特点是专用,即针对特定的管理业务,并应用于某些专用领域的信息管理,如用于政府信息化的电子政务系统、用于企业信息化的电子商务系统、用于辅助行政办公和决策的办公自动化系统、用于机关档案室信息化的数字档案室系统、用于档案馆信息化的数字档案馆系统等。这里所指的应用软件具有以下特点:一是在特定的操作系统环境下,运用特定的软件工具研制而成;二是针对特定的信息处理需求和管理业务需求进行设计开发,且应用于特定的专业领域、行业、单位或辅助特定的管理业务。

数据库管理系统DBMS是操纵和管理数据库的一组软件,用于建立、使用和维护数据库。DBMS具有以下功能:一是描述数据库,运用数据描述语言定义数据库结构;二是管理数据库,控制用户的并发性访问、数据存储与更新,对数据进行检索、排序、统计等操作;三是维护数据库,确保数据库中数据的完整、安全和保密,数据备份和恢复,数据库性能监视等;四是数据通信,利用各种方法控制数据共享的权限,在确保数据安全的前提下广泛共享数据。

各种软件工具。软件工具是指为支持计算机软件的开发、维护、模拟、移植或管理而研制的软件系统。它是为专门目的而开发的,在软件工程范围内也就是为实现软件生存期中的各种处理活动(包括管理、开发和维护)的自动化和半自动化而开发的软件。开发软件工具的最终目的是提高软件生产率和软件运行的质量。

三、终端设备

终端设备是经由通信设施向计算机输入程序、数据或接收计算机输出处理结果的设备。这里所说的终端设备主要是指用于各类用户访问的服务器或进行档案信息处理工作的主机、外存储器、输入和输出设备等。其中,输入终端设备有鼠标、键盘、手写板、麦克风、摄像头、扫描仪等。输出终端设备有显示器、音箱、打印机、传真机等。其他类别的终端设备有网卡、U盘、移动硬盘等。目前,档案网络终端设备的主机大多为PC,又称终端机。影响终端机处理能力与速度的是主板、CPU、内存、显卡等计算机的核心部件,它们的选择要根据各业务人员的工作要求进行。

终端机从网络应用的角度又称为客户端,常见的客户端分为两类:一类是胖客户端,是指主机配置较高档、数据处理能力较强的客户端,如一般工作中的PC,它负责网络系统中大部分的业务逻辑处理,以减轻服务器的压力,降低对服务器性能的要求,因此对客户机的性能要求比较高;另一类是瘦客户端,是指数据处理能力比较弱的客户端,它基本上不处理业务逻辑,只专注于通过浏览器显示网络应用软件的用户界面,数据储存和逻辑处理基本上由服务器集中完成。网络终端机经历了从胖客户端到瘦客户端的发展历程。

目前,档案信息管理系统的网络终端大多为胖客户端,然而瘦客户端在档案信息化建设中的应用前景也不容忽视。瘦客户端配置的优越性有利于档案数据的集中存储、高效管理和广泛共享利用,有利于对档案信息共享权限的集中控制和安全管理,有利于网络系统的维护、扩展和升级,通过客户端的即插即用可提高网络维护的便捷性和可靠性,有利于节约档案网络系统建设和维护的成本，有利于云计算技术在档案网络系统中的应用。此外，由于客户端一般不配置光驱、硬盘等部件，从而杜绝了病毒的来源，不易损坏，能显著提高系统的稳定性。

CPU的技术指标主要由主频、总线速度、工作电压等决定，它们也决定了计算机系统的技术效能和档次。一般来说，主频和总线速度越高，计算机系统运行的速度越快；工作电压越低，计算机电池续航时间越久，运行温度降低，也使CPU的工作状态更稳定。当前各种移动终端的发展和普及就是得益于CPU技术的迅猛发展。

四、网络设备

网络设备是指用于网络连接、信号传输和转换等的各类传输介质、集线器、交换机、路由器、光电转换器等设备。为了正确配置网络设备，首先，需要确定档案信息网络连接的范围。该范围需要根据档案工作的内容、档案数据的共享范围和密集程度来确定，一般分为内网、专网、外网和物理隔离网4个区域。内网是档案馆的内部局域网，一般部署在一幢建筑物内部或相邻近的大楼之间，覆盖大楼的不同楼层和房间。专网，即档案工作专用网，一般部署在档案形成单位与档案室、档案馆之间或档案馆与档案馆之间。外网，即与互联网相连接的、提供对外服务的网络，主要是方便档案利用者查询已经公开在网上的档案信息。物理隔离网是由一台或多台与任何其他网络在设备和网络线路上完全隔离的终端机或服务器系统组成的网络，用以存放和管理保密档案。网络体系的结构主要有3种，不同结构有不同的特点和适用范围，也有不同的网络连接设备。

总线结构通过一根电缆将各节点的计算机系统连接起来。该结构的优点是连接简单、易于安装、传输速率较高、便于维护，缺点是任何节点的故障都会影响整个网络的运行。这种结构适用于10~20个工作站的小型档案馆。

星形结构是将网络中的所有节点都连接到一个集线器上，由该集线器向目标节点发送数据。因此，该结构的优点是不会因一台工作站发生故障而影响整个网络，缺点是一旦集线器发生故障将影响整个网络。这种结构适用于网络节点位置分散的大型档案馆。

环形结构连接各节点的电缆组成一个封闭的环形，结构简单，相对容易控制，但由于在环中传输的信息必须经过每一个节点，任何节点的故障都会使整个网络受阻，因此在档案馆网络建设中很少使用。

目前，档案馆局域网中使用最多的还是以太网，其拓扑结构是总线形或星形，传输介质可以是同轴电缆或双绞线，具有建设投资小、网络性能好、安装简单、网络互操作性强、数据传输速度快等优点，其缺点是当网络信息流量较大时性能会下降。因此，以太网被广泛应用于中小型档案馆。网络连接设备分为内网连接和外网连接两类。内网，即局域网，其连接设备包括网卡、集线器、中继器、交换机等。外网，即互联网以及与互联网相连的广域网、城域网等，外网间连接设备包括网桥、路由器、网关等。网络设备还有用于保护档案数据、信息系统和网络平台安全的硬件设施及其他配套设备，如用于终端机和服务器等数字设备的断电保护，其可以使数字设备在断电之后仍能正常运行，提升系统运行的稳定性和可靠性。

第二节　数字化设备

数字化设备是指将传统模拟档案信息转换为数字档案信息的设备。数字化设备是建设数字化文本、图像、声音和影像档案资源必不可少的设备。能否正确选择和使用数字化设备，直接关系到档案数字化的质量和效率。

一、纸质档案的数字化设备

（一）扫描仪

扫描仪是纸质档案数字化中必不可少的输入设备，承担了采集纸质档案数字化图像的功能。扫描仪通过感光元件将纸质档案内容信息转换为数字信号，并以数据形式存储，实现纸质档案内容与纸质载体的分离。扫描仪的种类繁多，不同性能的扫描仪间价格差异悬殊，适用范围也各有不同，档案部门应结合实际情况，选择合适的扫描仪。

根据进纸方式的不同，可将扫描仪分为平板式扫描仪、馈纸式扫描仪和一体式扫描仪3类。

（1）平板式扫描仪。通常由遮光罩、原稿台与光学成像部分组成。优点:平板式扫描仪的结构简单且便于维护,扫描作业时无耗材,价格较低;因遮光罩与原稿台间的间距可调,可直接扫描已装订成册的档案;对档案纸张的材质要求少,且扫描过程对档案纸张的影响较小。缺点:体积较大、占用空间较多;由于采用了手工进纸与开合遮光罩的方式进行扫描,操作步骤烦琐,扫描耗时较长;单次只能扫描单面档案,扫描双面档案时的效率低。适用范围:单张或证件类居多的纸质档案;装订成册、不宜拆卷的档案;纸张较厚、不宜折叠的档案;纸张较脆弱、易损坏的档案。

(2)馈纸式扫描仪。又称高速扫描仪,通常由ADF(自动进纸)模块与光学成像部分组成。优点:馈纸式扫描仪带有ADF(自动进纸)模块,能自动连续进行档案扫描,有效节省扫描操作时间;馈纸式扫描仪一般带有两部分感光元件,能同时对档案的正反面进行扫描,扫描效率高。缺点:扫描作业中,ADF滚轮会产生耗损,需定期更换;对纸质档案材质的适用性较差,连续扫描时,可能会出现卡纸现象,损坏纸质档案。适用范围:规格一致、数量较多的档案;装订成册、适合拆卷扫描的档案。

(3)一体式扫描仪。包含平板式扫描仪与馈纸式扫描仪两种进纸功能。优点:能在不打断扫描过程的情况下,实现馈纸式扫描与平板式扫描的切换,使扫描过程不因纸质档案材质的改变而中断,提高扫描效率。缺点:体积大、价格高、结构复杂、维护成本高。适用范围:含平板式与馈纸式扫描仪的两种适用范围,且经费充足的档案部门。

除去上述3种纸质档案数字化中使用率较高的扫描仪种类外,扫描仪的种类还包括手持式扫描仪、工程图纸扫描仪、高拍仪等,档案部门可根据所需扫描纸质档案的材质、种类、数量及部门数字化经费等情况,选择适合的扫描仪。

高质量的镜头和CCD(感光耦合元件)是扫描仪发展的主要突破点,镜头技术是指现代专业扫描仪中光学镜头的相关技术,内容包括可变焦距镜头技术和多镜头技术。扫描仪采用多个自动变焦镜头或镜片进行组合,由更为精密的电机伺服系统驱动,目的是实现更好的均匀度和锐度,使扫描原稿的边缘聚焦准确,并使扫描质量得到进一步提高。

随着扫描仪使用的广泛普及,人们对扫描仪的精度、准确度、灵敏度、速度等都提出了较高的要求,扫描仪的生产厂家也在RGB同步扫描技术、高速图像处理技术、色彩增强技术、智能去网技术、光学分辨率倍增技术等方面不断研究和进步。同时，为了更好地满足用户的特殊使用要求，生产厂家将各种技术、图像处理系统与扫描仪的使用相结合，开发出以人为本的，功能更强、性能更好、使用更方便的零边距、无边距、无盲区、无变形、自动翻页等扫描仪，如全息无损、自动定位高速采集、超大幅面、智能化图文优化、图像文件批量处理等都是一些新型产品具有的特点，大大提高了扫描加工的效率，降低了扫描加工人员的劳动强度。

（二）模数转换技术

声像档案的数字化过程与纸质档案完全不同，这是因为传统的声像都采用模拟的磁带、录音带、录像带来保存，必须通过模拟到数字转换才能实现数字化。

模数转换是将模拟输入信号转换成二进制数字信息的一种技术，主要包括采样、保持、量化和编程4个过程。实现这些过程的技术很多，采用这些技术研制出了各种转换设备和系统，在开展声像档案数字化过程中必须了解和熟练掌握这些设备的功能、性能和操作规程。模拟声像档案数字化的核心过程就是要完成声像档案的数据采集与数字化转存，实现声像档案从模拟数据向数字信息的转化。这个过程主要依靠以模拟声像资料播放机数模转换线、视频采集卡、影像工作站等设备搭建的声像数模转换系统完成。声像数据的数字化转换过程是实时的，即1h的模拟声像资料转化为数字格式同样需要1h。

（三）OCR文字识别技术

档案内容的数字化工作包括数字化预加工和深加工。预加工是通过扫描处理将纸质档案、照片档案、缩微胶片等转变为电子图像文件，不能将纸质档案上的文字信息进行完全处理；深加工则是需要获取档案内容中的文字信息，以提供档案的全文检索服务。

光学字符识别OCR就是从数字化档案的图像文件中获取档案标引信息和全文信息的一种技术。档案数字化加工的主要步骤包括图文输入、预处理、单字识别及后处理。

（1）图文输入是指实现档案原件的数字化，通过扫描设备或数码拍照等方式形成档案的数字化图像文件。

（2）预处理是在对数字化档案的图像文件进行文字识别之前做的一些

准备工作,主要包括版面分析、图像净化、二值化处理、文字切分等。这一阶段的工作非常重要,其处理效果将直接影响识别的准确率。

(3)单字识别是文字识别的核心技术,主要包括文字特征抽取和分类判别算法。人之所以能够通过大脑简单地认识文字,是由于在人的大脑中已经保存了文字的基本特征,如文字的结构、笔画等。要想让计算机识别文字,首先也要存储类似的基本信息。那么,存储什么形式的信息以及如何提取这些信息,则是一件比较复杂的事情,而且需要达到很高的识别率。通常采用的方法是根据文字的笔画、特征点、投影信息、点的区域分布等进行分析,常用的分析方法是结构分析法和统计分析法。

(4)后处理是指对识别出的文字进行匹配,即将单字识别的结果进行分词,与词库中的词进行比较,以提高系统的识别率,减少误识率。对于文字的识别,从文字类型上划分,通常分为印刷体文字的识别和手写体文字的识别;以识别的方式划分,通常分为在线识别和脱机识别。由于印刷体和手写体的文字特征差异较大,所以其处理方法是不相同的。

(四)数码翻拍仪

随着数码影像技术的飞速发展,一种新型的数字化设备——数码翻拍仪正在悄然流行。数码翻拍仪,又称数码拍摄仪、数码缩微仪,是一种将数码相机安置在可垂直调节高度的支架上,用以拍摄文件材料或其他实物的数字化设备。目前,市面上的数码翻拍仪按照翻拍性能、翻拍对象、尺寸等分为多种。数码翻拍仪具有以下优势。

(1)数字化速度快。平板式扫描仪每扫描一页文件都有扫描灯管的往复移动和翻盖的过程,扫描速度较慢,若采用200 dpi来扫描A4幅面真彩图像,每分钟扫描加工数量一般为1~2页,而高速扫描仪对档案的纸张质量要求较高,容易损坏档案,因此使用有一定的局限性。用数码翻拍仪拍摄文档没有机械运动的过程,只是曝光一下,速度不到1 s,扫描加工数量一般可以做到每分钟8~20页。

(2)对档案材料损害小。平板式扫描仪扫描装订的档案时,难以做到平整扫描,扫描的图像通常会倾斜或扭曲,导致后期处理工作量增加,而高速扫描仪不拆档案根本无法加工。数码拍摄可以省略档案拆装过程。应用数码翻拍仪提供的低畸变镜头和图像变形处理软件,可以解决拍摄档案倾斜、线条变形等问题,这不但大大提高了数字化处理的效率,而且避免了拆装过程对档案造成的损害。

(3)方便预览。用扫描仪扫描文档,若要在扫描前浏览扫描图像的效果,一般需要选择扫描仪预览功能,这样就降低了扫描加工的速度,而数码翻拍仪的全部操作过程直观可见,即真正做到所见即所得。

(4)加工对象不限于纸张。扫描仪一般只能扫描纸张材料,数码翻拍仪除了扫描纸张材料以外,还能翻拍特种载体的档案,如锦旗、奖牌,甚至奖杯等立体物体。

(5)便于调节扫描幅面。一般扫描仪只能扫A4幅面的纸质材料,扫大幅面图纸的扫描仪价格十分昂贵,利用率又不高,不适宜一般机构配置。数码翻拍仪只要调节数码相机与底板的距离,就能灵活地拍摄不同幅面的纸质档案,这对于扫描尺寸频繁更换的档案特别具有优势。

传统的翻拍仪采用传统相机进行档案拍摄和缩微,与之相比,数码翻拍仪具有以下显著优势。

(1)传统的翻拍仪拍摄需要胶片,拍摄后需要冲洗显影,阅览需要购置专门的缩微阅读仪,使用成本和人力成本都比较高。数码翻拍仪的翻拍与普通数码相机一样,使用不需要耗材,当拍摄的图像有问题时,可立即重拍。拍摄形成的照片,任何计算机系统都可以阅读。

(2)传统的翻拍仪形成的缩微片图像很难进行处置。数码翻拍仪形成的影像电子文件可以被灵活地加工处理,如纠偏、去污点、去黑边框等;应用翻拍仪自带的OCR软件进行字符识别,将扫描形成的图像文件识别成可编辑的word、pdf等格式文件,进行二次编辑与加工;应用图像处理软件,对扫描中出现的线条扭曲、图像变形等问题进行纠正,有些数码翻拍仪还自带防畸变镜头,自动纠正大幅面图纸拍摄中四周弯曲的线条。

(3)传统翻拍的缩微胶片不便于查找、传递、编辑、整理,这些缺点却是数码翻拍技术的优势所在。数码翻拍仪形成的电子文件具有采集高效、处理灵活、传播迅速、检索快捷、多媒体集成、生动直观等缩微技术难以比拟的优势。

(4)传统的翻拍仪一般只能翻拍成黑白胶片,而数码翻拍仪不仅能翻拍成黑白图像,还能翻拍成彩色图像。数码翻拍仪借助高分辨数码影像技术,拍摄的图像清晰逼真、色彩丰富;支持色差、亮度、对比度、饱和度、伽马值等后期图像增强功能;能通过USB接口直接连接电脑,将拍摄的档案文件直接在电脑中显示或通过邮件发送出去，实现档案的无障碍传输；USB能直接给翻拍仪供电，不需要另插电源；将所有拍摄操作按钮都整合在底板上，操作十分简便；突破传统使用扫描枪扫描条形码识别的方式，用户只需鼠标轻点，即可完成条码识别，不但提高了工作效率，也省下了购买扫描枪的费用；可拍摄录像，将动态的图像，如手工翻阅档案的过程记录下来，用作视频编辑的素材。

(5)有些数码翻拍仪的活动支架可以固定数码相机、手机等拍摄设备，用户可以借助拍摄设备翻拍档案材料。

数码翻拍仪是传统的复印、扫描、投影、拍照、录影等技术的融合，因此兼有这些技术的优点。无论是对传统的翻拍缩微还是对扫描技术来说，这都是一场变革。目前，该技术已经广泛用于政务领域中红头文件、往来信函等文件的翻拍；银行传票、合同、抵押担保、会计凭证和信用卡等文件的翻拍；证券期货行业中股东账户开户、买卖合同、股东身份等文件的翻拍；保险行业中合同、发票、身份证等文件的翻拍；工商税务行业中税务年检等业务文件的翻拍；学校学生学籍、成绩单等档案的翻拍；国土行业中房地契、图纸、合同等档案的翻拍；司法行业中往来信函、红头文件、法律文件、卷宗等档案的翻拍；医疗行业中病历、处方等档案的翻拍；公安部门案件档案的翻拍等。

尽管数码翻拍仪已经在各政府机关、企事业单位得到广泛的使用，然而在档案信息化中却使用较少。其原因之一是档案界人士对这种设备的发展现状和趋势不够了解，以为它就是传统的缩微翻拍仪。由上述分析可知，它特别适用于以下情况：一是中小型企事业单位办公室或业务部门对尺寸频繁变化的文件材料进行数字化处理。二是各级、各类档案馆或机关档案室对纸质材料老化、不便于拆卷的档案进行数字化处理。三是建筑设计、制造业等企业未购置大型扫描仪，又需要对大幅面图纸档案进行数字化处理。四是对锦旗、奖牌等实物档案进行数字化处理。五是尚无条件对纸质档案进行数字化处理，但临时需要通过网络提供远程查档服务的企业。鉴于数码翻拍仪具有使用成本低、拍摄精度高、速度快、操作简便、便于做OCR字符识别和其他图像处理等特点，相信它会吸引越来越多的档案用户。随着数码翻拍仪应用范围的扩大，数码翻拍仪的功能和性能将会得到不断的改进和完善。因此，它有可能在不远的将来，取代部分扫描仪,成为纸质档案数字化的得力工具。

(五)缩微胶片扫描仪

已经对纸质档案进行了缩微复制,可以采用专用设备——缩微胶片扫描仪,对缩微胶片上的影像进行数字化转换处理。缩微影像转换技术的应用包括对缩微胶片进行扫描,把缩微模拟影像转换成数字影像进行存储、还原和检索、输出等。

与纸质档案扫描相比,缩微胶片扫描的主要优点:扫描速度快,节约时间和成本;没有尺寸和形状的限制,可以同时对各种幅面的纸质档案进行扫描;缩微胶片可以继续留存,作为数字档案备份的一种形式;可以进行批量处理,操作简便易行;便于对图像做调节亮度、对比度、拉直和裁剪等优化处理;易于对输出的图像信息进行检索、阅读、打印和传递。缩微胶片扫描的主要缺点:所得的图像已经是第二或第三次转化,失真明显,图像虽然可以强化,但有时效果不明显;一些胶片的状况较差,出现了划痕、装订线阴影等,影响扫描影像质量;扫描仪的分辨率不足以捕捉原件中所有有价值的信息。

缩微胶片扫描仪相对于纸质档案扫描仪,其扫描效率要高得多。目前,缩微影像转换成数字影像的技术日趋成熟。选购缩微胶片数字扫描系统,既要考虑产品的技术领先性,又要考虑适用性以及性价比。选购时应考虑胶片类型,如缩微平片、封套片、开窗卡片、16mm胶卷、35mm胶卷等;放大倍率的范围;扫描速度,即每单位分辨率;光学分辨率和输出分辨率等。

(六)纸质档案数字化的软件配置

纸质档案数字化除了必要的硬件设施外,还需要运行硬件设施所需的软件。该软件有两大类:系统软件和应用软件。系统软件包括操作系统数据库管理系统等平台。应用软件是在上述软、硬件平台的基础上实现数字化流程的文档扫描、图像处理和数据存储等功能的软件。这些软件可以从市场上购置,或从网络上免费下载,或随硬件设备配送获得。对于大批量纸质档案的数字化处理而言,仅仅靠上述分散的、专用的软件工具是不够的,必须采取系统集成方式将整个数字化流程集合为一个统一的制作加工系统,开发出专用的档案数字化加工管理系统,实现对包括档案整理、目录建库、档案扫描图像处理、图像存储、数据质检、数据挂接、数据验收、数据备份、成果管理等档案数字化加工全过程的流水作业和安全质量控制。

二、录音档案的数字化设备

1857年，法国发明家斯科特发明了声波振记器，这是最早的原始录音机，是留声机的鼻祖。1877年，爱迪生发明了人类史上第一部留声机。1898年，丹麦工程师普尔森发明了磁性录音。1963年，荷兰生产出音频盒式磁带机。20世纪80年代，盒式磁带录音技术被迅速应用于声音记录，许多单位用之录制领导讲话、会议座谈、文艺演出、要人采访等，形成了许多重要的录音档案。

现存的模拟录音档案一般已有30年以上的历史，其内容十分珍贵。然而随着时间的流逝及使用次数的增加，加上不适宜的环境条件的影响，其声音很容易衰减或消失，甚至由于没有了播放设备而无法还原。利用多媒体数字技术，把模拟录音带转录成数字音频档案有利于录音档案的及时抢救、长期保存、编研制作和共享利用。随着数码音像技术的普及，模拟录音档案的数字化也被提到日程上来。录音档案数字化比较容易实现，主要硬件有放音设备、存储设备和计算机等。录音档案数字化软件较多，可根据个人习惯和熟悉程度加以选择。

(一)录音档案数字化的硬件

根据拟数字化录音档案的规格、型号配置相应的放音设备，如开盘式放音机、钢丝带放音机、盒带录音机、电唱机等。放音设备必须能将声音源以电平信号的方式，通过音频输出插孔输出，若原设备不具有音频输出插孔，应进行改装。

模数转换设备是录音档案数字化的核心部件，品质好的模数转换设备有低失真、低延时、高信噪比的特点。模数转换设备主要是指声卡。声卡是多媒体技术中最基本的组成部分，是实现模拟信号和数字信号相互转化的一种硬件，其基本功能是将来自磁带、光盘、话筒等的原始声音信号加以转换。它的工作原理是将获取的模拟信号通过模数转换器中，将声波振幅信号采样转换成一串数字信号存储到计算机中。重放时，这些数字信号被输送到数模转换器，以同样的采样速度还原为模拟信号。声卡的技术指标：一是采样频率，采样频率越高，声音越保真。目前，声卡的采样频率一般应达到44.1kHz或48kHz。二是样本大小，当前声卡以16位为主。8位声卡对语音的处理也能满足需要，但播放音乐效果不是很好，16位声卡可以达到CD音响水平。

内部声音混合调节器的主要功能是把从不同输入源中输入的声音信号进行混合和音量调节，通常要求该混合器是可编程或可控制的。

（二）录音档案数字化的软件

录音档案数字化转换软件主要为音频制作软件。此外，GoldWave也是一种功能强大、占用空间小、免费共享的绿色软件，并且可以在互联网上免费下载。刻录软件也较多。

三、录像档案的数字化设备

录像档案数字化的整个设备系统由4个部分组成：提供模拟视频信号输出的放像设备，如与录像带相配套的录像机、放像机等；对模拟视频信号进行采集、量化、编码的视频采集设备，通常由视频采集卡来完成；对数字视频进行编辑的编辑系统；数字录像档案的存储设备或存储系统。

（一）录像档案数字化的硬件

放像设备要按照录像档案载体的不同而做出不同的选择。受到数字设备的冲击，许多传统的放像设备已经退出市场。曾经流行的模拟录像带及其播放设备按照制式来分主要有VHS、Beta和8mm等类型。VHS是家用视频系统的缩写，这种录像机使用带宽为1/2in.的磁带，习惯称为大1/2录像机。目前，档案馆保存的模拟录像带中绝大部分是VHS带。Beta录像机采用不同于VHS的技术，图像质量优于VHS录像机，所用磁带的宽度也是1/2in.，但磁带盒比VHS小，故又称小1/2录像机。8mm录像机综合了VHS和Beta录像机的优点，其体积小、图像质量高，所用磁带宽度仅为8mm。模拟录像机不仅有制式的不同，而且按照其信号记录方式及保真度的不同而分为不同技术质量等级。不同制式、不同等级、不同品牌的录放设备及其不同性能的录像带，相互之间并不兼容，因此必须针对录像带的类型选择相应的放像设备。根据录像带规格、型号选用设备，如WHS放像机、3/4放像机等。普通模拟录像机可输出清晰度在200多水平线的模拟录像，高清晰度模拟录像机可输出清晰度在400水平线的模拟录像，数码摄像机可输出清晰度在500水平线的数字录像。档案部门保存的录像带形式各异,主要有小1/2带、大1/2带、3/4带等。与这些录像带匹配的可运行的放像机越来越少,档案部门应当尽快将这些珍贵的录像带做数字化处理,否则,一旦这些古董放像机被淘汰或停产,录像带中的影像就很难再现了。

视频采集设备由高配置的多媒体计算机内置或外置的视频采集压缩卡组成。录像档案数字化的一个重要工作是音像采集。所谓音像采集是指通过硬件设备把原录像带保存的模拟信号转换成数字信号采录至计算机中,以数字图像格式保存的过程。图像采集的过程是保证数字图像质量的关键环节,因此,正确选择采集所使用的硬件设备,即采集卡至关重要。目前,市面上的采集卡种类较多,档次、功能高低不一,按照其用途从高到低可分为广播级、专业级、民用级,档次不同采集图像的质量自然不同。档案部门应采用专业级以上的视频采集卡。由于视频的数据量非常大,因此对计算机的速度要求很高。在未压缩的情况下,采集1min的视频数据可能超过几百兆,如果CPU和硬盘跟不上要求,将无法进行采集或者采集效果较差,如画面失真、停顿、掉帧等。

(二)录像档案数字化的软件

录像档案的采集、转换和编辑除了需要视频卡外,还需要借助视频采集软件和视频编辑系统。通过视频采集软件,在实现录像档案的数字化采集之前,可以设定所需生成的视频文件格式,设置视频文件的各项参数,如调节录像信息的亮度、视频取样标准,以确保采集信号的质量。

视频卡配套提供的视频采集软件功能相对简单,通常无法对视频信息进行复杂的编辑和转换。因此,对采集后的视频信息,在必要的情况下,可以使用专门的视频编辑软件甚至功能强大的非线性视频编辑系统进行编辑处理。视频编辑与文本编辑类似,是将采集好的视频素材进行二次加工,如插入、剪切、复制、粘贴、拼接视频片段等,还包括字母、图形乃至不同视频、音频的叠加、合成等。通过上述处理,在不破坏真实性的前提下,可以使录像档案更加清晰、美观和生动,并可对视频内容进行适当的引导、指示和标注。

视频编辑软件是对视频进行录制、切割、合并、重组、批量处理、格式转换等制作的软件。当前,由于各种需求导致视频格式多种多样,其中流媒体格式因其在网络浏览和传输支持上的优势,受到了广泛的欢迎。现今信息产业界已开发出许多功能强大、界面友好的视频处理软件。

第三节　数据存储设备与数据备份

档案数字信息的长期安全存储取决于存储设备的选择和存储技术的应用,是档案安全保管的重要内容。

一、数据存储系统

档案信息化数据存储是指数据以某种格式记录在计算机内部或外部存储介质上,其存储系统分别使用不同的存储介质和存储技术。

从古至今,介质存储一直是保存档案的主流方式,不同介质承载的档案本质属性并无差别,都是人类认识世界和改造世界的历史记录,是社会的重要信息资源。人类曾以石器、竹器、纸张、磁带、缩微胶片等作为载体记录档案的内容,而在网络信息时代,档案的形成在很大程度上依赖于计算机及其应用系统,档案信息以数字形式展现给人类。为了保存这些数字形式的文件和档案,人类发明了软盘、磁盘、光盘等存储数字信息的新型载体,使用这些载体,人们能够方便地存储、迁移、展示和传播档案信息,深入地开展编研开发工作,为社会提供档案利用的多样化服务。与传统档案载体相比较,数字形式的档案载体为公众提供了灵活、方便利用档案的机会,而对于习惯了保管传统载体档案的档案工作者来说,面临的新挑战是如何对这些新型载体档案进行永久保存和广泛利用。

关于数字资源永久保存问题的研究,国内外已经有很多单位付出了努力,有的致力于提高数字信息载体的寿命,有的则在扩大载体的存储容量、降低存储成本上下功夫。然而,正是由于数字信息载体的更新换代太快、太频繁,尽管一代代产品的兼容性越来越好,但由于档案这一固定内容的原始性不能被修改的属性决定了数字档案保存工作必须适应数字信息载体的快速发展和频繁更新,肩负保管社会历史记录重任的档案工作者,不仅要考虑档案信息利用的深度和广度,还需要重视档案的完整保存和真实有效。

因此,很多专家提出了双套制工作策略并被很多单位所采纳,即在有保存价值的电子文件归档时，同时做一套纸质备份或制作缩微胶片，延长档案的保存寿命，将存储在数字信息载体上的档案主要用于提供便利服务和载体备份。

双套制是过渡时期档案管理的一种可操作的解决方案，在一定程度上减轻了档案工作者保存档案的压力，但增加了管理的成本。在实际工作过程中，很多单位采用纸质、缩微数字信息载体各制作一套备份，这样制作成本、管理成本呈现持续上升的趋势。但是随着档案信息量的增大，这种方式很难持续较长的时间。另外，并不是所有的数字档案都能够制作纸质或缩微备份，而只能以数字载体形式进行存储，这就需要加强管理，制定长期保存数字档案数据的管理规范和规章制度。在选择较长寿命存储载体的前提下，定期进行检查，根据需要做数据迁移，并在数据迁移的过程中确保档案的真实、完整和有效。

目前，数据存储介质主要有磁存储介质、光存储介质和电存储介质3种。

（一）磁存储介质

磁存储技术是将声音、图像和数据等变成数字电信号，通过磁化磁介质来保存信息。磁存储介质主要有硬磁盘、磁带、磁盘阵列、磁带库等。

1.硬磁盘

硬磁盘是由若干盘片重叠在一起放入密封盒内组成的，盘片的结构类似软盘，盘片一般用合金或玻璃材料制作。硬盘的存储量大，数据传输速度快。硬盘盘片与驱动器装在密封容器内，不易受周围环境影响，工作稳定性好、可靠性高，因此常作为网络数据传输的在线存储介质。硬盘按转速分为5400 r/s、7200 r/s、10000 r/s和15000 r/s。按存储方式分为固态硬盘、机械硬盘、混合硬盘。相对于机械硬盘，目前的固态硬盘有存取速度快、耗电量小、稳定性好等优点，也有存储量小、价格昂贵等缺点。混合硬盘起到扬长避短的作用，值得档案工作者关注。

2.磁带

磁带一般由聚酯薄膜带基和附着在带基上的磁性涂层，经过磁性定向、烘干、压光和切割等步骤制成。磁带存储容量大，数字磁带的最大容量已经达到TB级，在数据备份和档案文件存储等方面一直占据着重要的地位，其成本适宜、操作方便，只要通过一定的驱动器便能顺利地读取。

但是，磁带是串行记录，存取速度较慢，工作方式为接触式，磁带、磁头易磨损。鉴于磁带的这些特点，它适合用在按顺序存取数据、存储量大而读写次数少的电子档案备份系统中，可作为硬磁盘数据长期备份的存储介质。

3.磁盘阵列

磁盘阵列是应用磁盘数据跨盘处理技术，通过组合多个硬盘，把多个读写请求分散到多个硬盘中来突破单个磁盘的极限，并使其协同工作。在使用过程中如同仅使用一个硬盘，却能获取比单个存储设备更快的速度、更好的稳定性、更大的存储能力、更高的容错能力。它可以按照用户对于存储容量的需求进行阵列配置，从而达到海量存储的要求。磁盘阵列系统存储容量大、安全性高。数据存储在由多个磁盘组成的磁盘组上，通过数据的冗余存储，可在一个或多个磁盘损坏、失效时，防止数据丢失。磁盘阵列通过并发读写，能够提高数据的存取速度，把多个硬盘驱动器连接在一起协同工作，大大提高了数据的读写功能。

4.磁带库

磁带库是一种机柜式的、将多台磁带机整合到一个封闭系统中的数据备份设备，是离线存储系统中的关键设备之一。它主要由磁带驱动器、机械臂和磁带构成，可实现磁带自动卸载和加载功能，在存储管理软件的控制下具有智能备份与恢复、监控统计等功能，能够满足高速度、高效率、高存储容量的要求，并具有强大的系统扩展能力。磁带库具有自动备份和恢复功能，可实现数据的连续备份，也可在驱动管理软件的控制下实现智能恢复、实时监控和统计，其存储量大，存储容量可达PB级，备份能力也很强大，是集中式数据备份的主要设备。

（二）光存储介质

从磁存储到光存储是信息记录的飞跃。光存储是利用光学原理读或写。光存储技术是采用激光照射介质，使激光与介质相互作用，导致介质的性质发生变化而将信息存储下来。读出信息是利用定向光束在存储介质表面进行扫描，通过检测所经过点的激光反射量，读出所保存信息的一种技术。光存储介质有光盘、光带、光卡、光盘塔、光盘库等，其中以光盘应用最为广泛。光盘是继磁性介质之后产生的又一种新型的数字信息记录介质。它具有存储密度高、信息容量大、稳定性好、可移动成本低等特性，也是电子档案的重要存储介质。光盘通常分为CD、DVD、蓝光光盘(BD)等。

1.CD

CD光盘采用红外激光器读取数据，其存储容量较大，存储成本相对较低，但在日常使用中易发生磨损，造成数据被错误读取和解析，在受力不均匀时还易发生变形，造成数据无法读取。CD采用单层储存形式，容量一般为700M。由于光盘技术的迅速发展，目前该类光盘已经趋于淘汰。

2.DVD

DVD与CD的外观极为相似，直径都是120mm，一般单层容量约为5G。DVD分为预录制和可录制光盘两种。预录制光盘的数据只能由厂商专用设备录制。可录制光盘又分为一次写入型和可擦写型两种。一次写入型光盘可用光盘刻录仪一次性刻录数据，但不能擦除。档案部门可利用这种光盘的特点，保存档案信息，防止归档电子文件被改写和篡改。可擦写型光盘录入的数据可擦除和重写，可反复使用。

3. 蓝光光盘(BD)

目前主流的单层蓝光光盘(BD)容量为25G，可烧录长达4h的高清视频，双层BD容量为50G，多层BD容量为100G以上。随着蓝光刻录机和盘片价格越来越低，BD很有可能是继CD、DVD之后的档案数据的又一主要存储介质。

光盘共享技术的发展为大容量存储数字信息提供了可能，光盘塔和光盘库也成为存储电子档案的主要设备。

(三)电存储介质

电存储介质是继磁存储和光存储之后的利用半导体技术做成的一种新型存储介质，它通过电子电路以二进制方式实现信息的储存。电存储介质主要有闪存盘和数据存储卡。

二、数据存储技术

数据存储技术随着科技的发展也在不断地发展和变化。目前，数据存储技术主要有直接存储和网络存储两种。

(一)直接存储技术

直接存储技术是目前存储数据的主要技术方法。直接存储技术是利用计算机等存储设备,将档案信息保存在性能稳定的载体上。存储载体主要包括只读光盘、一次写光盘、磁带、硬磁盘、可擦写光盘、光盘塔和磁带库等,其特点是投资低、读取速度慢;资料可供同时读取的人数少;检索光盘时,内部机械手臂容易出故障,光盘容易磨损、划伤等。

(二)网络存储技术

在数字化高速发展的背景下,网络已经渗透到社会各个领域的日常运营管理中。具有海量存储性能的网络存储产品及其组织与管理数字信息的软件系统的问世为数字档案的存储提供了可能。各级机构建立的互联网、专网和内网则为档案的网络化收集、整理、归档、存储、传播利用提供了基础平台,这就需要借助网络在线存储技术以获得更可靠的存储,提供更快速的访问。

(1)存储设备与主机的连接方式:主机与网络存储系统之间的连接方式有多种,主要有在线存储、近线存储和离线存储。磁盘阵列与服务器之间的直接连接就是采用在线存储方式,其存取速度快、成本高,适合高速数据存取的应用场合;光盘库与主机之间采用近线存储方式,其存取速度中等、成本合理,适合对在线访问速度要求不高的档案馆、图书馆等;磁带库、脱机存储设备采用离线存储方式,其平均存取速度较低、成本也较低,适合大规模后备备份或者用于保密数据的保管和访问等。

(2)存储设备与网络连接的接口标准:存储设备与网络的连接标准也有多种方式,主要有SCSI连接、光纤连接等。SCSI连接和光纤连接是档案馆中通常使用的连接方式。

(3)网络存储解决方案:网络存储领域最典型的代表有直接附加存储(DAS)、网络附加存储(NAS)、存储区域网(SAN)以及内容寻址存储(CAS)。事实上,DAS、NAS、SAN和CAS是集数据存储硬件设备和数据管理软件系统为一体的存储解决方案。区别于介质存储的脱机方式,网络存储的主要作用是提供数字信息的在线访问,而数据管理则是解决网络上数据的组织、存取与访问方式,目的是管理数据并提供访问机制。通常采用关系型数据库管理系统、文件数据管理系统和内容存储管理系统等。

直接附加存储(DAS)技术:直接附加存储通过电缆直接与服务器相连接,存储设备作为服务器的附加硬件,不带操作系统,直接接收所连服务器的I/O请求,完全依托服务器,通过服务器上的网卡向用户提供数据。

它是典型的分散式存储模式。

DAS是一种传统存储方式,是在本地将存储设备(磁盘、磁带、磁盘阵列、带库等)通过SCSI接口的电缆一对一地直接连接到服务器或者客户端的扩展接口上。它自己没有独立的操作系统,而是依赖于其宿主设备——服务器或客户端的操作系统来完成对数据的存储与管理。服务器和存储设备之间的连接通道是独立且专用的。存储设备只能由与其直接相连的服务器通过一个智能的控制器来访问。该方法主要是为了克服主机上驱动器槽的缺陷而发展的。当服务器需要更多的存储量,只要增加一个存储器就行了。该方法同时还允许一台服务器成为另外一台的镜像。这个功能是通过将服务器直接连到另一台服务器的界面上来实现的。

DAS的优点是数据存储速度快,所有数据能够时刻在线,为用户提供快速的访问响应。不足之处在于大量占用服务器资源,当用户数增加或者服务器上的应用程序运行繁忙时,服务器就成了数据存储与访问的瓶颈,当网络上的存储设备和服务器被添加进来,DAS环境将导致服务器和存储孤岛数量的剧增,产生巨大的管理负担,并导致资源利用率低下。由于受到服务器扩展能力的限制,不可能进行无限度的扩容,容量会受到一定的限制,因此它比较适合于数字化信息量较小的档案馆使用。

网络附加存储(NAS)技术:网络附加存储是一种连接在网络上的存储设备。通常使用RJ45口,通过以太网向用户提供服务。采用集中式数据存储模式将存储设备与服务器彻底分离。NAS是一种基于文件级别的存储结构,存储设备直接连接到局域网上,系统通常使用NFS(网络文件系统)或者CIFS(通用互联文件系统),这两者都是基于IP的应用。它将存储设备从服务器上脱离出来,完全独立于网络中的主服务器,而连接到现有的网络上,通过网络共享方式给各客户机提供网络数据资源服务,客户机完全可以不经过服务器而直接访问存储设备上的数据。NAS服务器一般由存储硬件、操作系统以及其上的文件系统等几部分组成。

存储区域网(SAN)技术:典型的SAN环境应包括4个主要组成部分:最终用户平台、服务器、存储子系统和互连设备。在SAN中,最终用户平台可与光纤连接并直接访问存储设备,其中,SAN的存储子系统采用SAN方案,除了需要具有FC连接性以外,还有一些对存储子系统的特别要求。

①高容错性。由于存储是集中式的,这些存储系统必须具备极高的

可靠性和容错性。虽然系统可以设计得具有很高的可靠性,但是部件仍然可能发生故障。冗余部件则可确保高容错性。系统设计也应该允许故障部件的热插拔,这样在进行维护的时候就不会影响系统的正常运行。

②远程管理性。理想情况下,通过支持标准网络管理协议,如 SNMP 以及可以提供运行在网络上的管理工具,设备应可以提供远程管理。有一种专用管理端口称为带外管理,是大多数网络设备比较倾向的方法。利用带外管理,在存储系统运行的同时与其通信不会产生问题,数据接口的故障也不会影响管理工具访问该系统。

③可扩张性。SAN 存储子系统应在容量和性能方面具有可扩张性以配合网络上日益增加的数据量。

内容寻址存储(CAS)区别于其他网络存储技术的关键是内容寻址。当存储一个数据对象时,CAS 系统根据所存储数据的二进制内容,按照特定算法计算出一个 128 比特的奇偶校验,接着把这一比特序列转换成全球唯一的 27 个字符的 ID 号(GUID)标识符作为内容地址,或称作数字标签、数字指纹。访问该数据的请求必须通过提供相对应的内容地址来完成。

CAS 系统存储一个对象时,会向系统返回一个 ID 标识符。因此,管理这些 ID 变得很重要,这与典型文件系统中对典型文件元数据(名称、目录、权限等)的管理恰好相反。CAS 是一个平面地址空间,同时大多数操作系统实现了分层文件系统结构,例如,名称和目录(文件夹)。在一些应用中,这种特性可以减少用户和管理员管理文件花费的总时间。

在 CAS 设备中进行记录管理也与普通阵列不同。一旦记录被存储,就不能被改变,也不能被复写,而普通阵列则不能确保对象的不变性。

第四章　档案管理信息系统建设

档案管理信息系统能够实现档案的电子化存储和管理,大大提高了档案的检索和利用效率。通过系统化的分类和索引,可以快速准确地找到所需档案,避免了传统纸质档案管理中烦琐的手工操作和耗时耗力的检索过程。传统的纸质档案容易丢失、损坏或被篡改,而档案管理信息系统能够实现档案的数字化存储和备份,确保档案的安全性和完整性。通过权限管理和审计功能,可以有效防止档案被非法访问和篡改,保护档案的机密性和可信度。档案管理信息系统能够实现档案的共享和协同,促进不同部门和单位之间的信息交流和合作。通过系统的权限管理和共享机制,可以实现档案的跨部门、跨单位共享和利用,提高了工作效率和协同能力。档案管理信息系统能够实现档案的数字化存储和管理,节省了大量的空间和人力资源。传统的纸质档案需要大量的存储空间和人力来维护,而数字化档案可以通过网络存储和云计算技术实现档案的集中管理和共享利用,节约了存储空间和人力成本。档案管理信息系统能够提供全面、准确的档案信息,为决策者提供科学的依据和参考。通过系统的数据分析和报表功能,可以对档案信息进行统计和分析,提供决策者所需的各种指标和报告,帮助决策者做出准确、科学的决策。

第一节　档案管理信息系统的研判

档案信息化的实现需要借助先进、实用的档案管理信息平台,即档案管理信息应用系统。我国档案信息化起步以来,档案部门研制了大量的档案管理应用系统。由于各自分头建设,缺乏统一的规范,造成各应用系统的功能结构、数据结构、性能结构各异,影响了档案信息资源的互联共享,增加了系统使用和维护的成本，因此，迫切需要在统一规划的指导下进行系统整合，使档案管理信息系统的建设走上集约化、集成化发展道路。

一、档案管理信息系统的基本概念

档案管理信息系统是指各机关、团体、企事业单位和各级、各类档案馆用于对档案信息和档案实体进行辅助管理的各种类型的计算机应用软件系统。档案管理信息系统建设是按照档案事业发展的规划、标准和档案工作的实际需求，应用计算机基础设施，开发和使用档案管理应用软件系统的过程。档案管理软件的开发和使用，要符合规范、先进、实用的质量要求，既要满足当前工作的需要，又要兼顾将来技术发展的趋势。档案管理信息系统的应用价值来自应用系统的各项功能，其功能是指计算机应用软件系统辅助档案工作的某种能力，实质上是档案工作职能在计算机平台上的延伸。由于档案工作职能包括对档案的宏观管理和微观管理两方面内容，因此，档案管理信息系统也相应分为两大类。一类是档案宏观管理信息系统，用于辅助档案工作者对整个档案工作进行管理，又称档案行政管理系统，包括统筹规划、组织协调、统一制度、监督指导和检查等档案工作的组织建设和事业管理。这类系统的建设主体主要是各级档案行政管理部门。另一类是档案微观管理信息系统，又称为档案管理业务系统，用于辅助具体的档案管理业务工作，包括档案的收集、整理、鉴定、保管、统计和利用等。这类系统的建设主体主要是各级、各类档案馆(室)。鉴于机关档案室兼有上述两项职能，档案室信息系统应当兼有档案行政工作和档案管理业务功能。

然而，实际上多数档案部门并没有建立相互独立的档案行政工作和档案管理业务信息系统，而是在档案管理业务系统中嵌入一部分档案宏观管理功能。因此，以下所介绍的档案管理信息系统，主要是指档案管理业务系统。

二、档案管理信息系统的开发

档案管理信息系统的开发是在档案信息化规划和规范的指导下，按照特定的档案管理需求，应用先进实用的计算机软、硬件和网络技术，研制档案信息管理应用系统的过程，其主要任务是研制档案管理应用软件。

(一)档案管理应用软件的基本要求

根据国家档案局发布的《档案管理软件功能要求暂行规定》,档案管理应用软件要符合以下基本要求:第一,档案管理软件的开发研制与功能设计必须符合国家有关档案工作和计算机信息系统管理的法律法规和业务技术标准。第二,档案管理软件的研制、安装和使用,必须具有严格的安全保密机制。第三,档案管理软件应具有良好的实用性、兼容性及可扩展性,并做到界面友好、用语规范、操作简单、使用方便。第四,档案管理软件应具备较强的数据独立性,确保在软、硬件环境发生变化时数据完整、安全迁移及有效利用。第五,各种不同类型的档案数据,其文件格式均应尽量采用通用的文件格式。第六,档案管理软件应配有完备的安装与使用技术资料,主要包括用户手册、系统管理员手册、数据实体关联图等。

(二)档案管理应用软件的基本功能结构

功能设置是实现档案管理系统价值的关键。档案管理应用软件种类很多,如电子文件归档管理系统、数字档案室系统、数字档案馆系统等。依据档案工作的基本职能,任何档案管理应用的软件都应具备以下基本功能。这些功能既包括档案实体管理,又包括档案信息管理,既包括管理档案目录信息,又包括管理档案全文(内容)信息,并基本上覆盖档案目录信息各项管理业务。

《档案管理软件功能要求暂行规定》规定档案管理软件应具备数据管理、整理编目、检索查询、安全保密、系统维护等基本功能,并能辅助实体管理及根据用户特殊需求增扩其他相应功能。

三、档案管理信息系统开发的方法

(一)系统分析

该阶段任务是确定系统的总目标,即解决系统应当做什么的问题。系统分析是系统开发的起点,其决定系统设计的方向,此项工作由项目开发小组中的系统分析员实施。系统分析员是系统开发的高级人才,应当擅长档案管理业务和计算机技术,具有将两者有机结合而进行宏观策划、微观布局的能力。

1.开展调研

由项目发起者或建设方开展初步的内部需求调研和外部市场调研。

内部调研的对象主要是有关档案工作的领导、业务骨干和用户，调研他们对档案工作和档案信息的需求。外部调研主要了解信息技术发展的现状和趋势及档案信息化的经验和规律。通过调研，提出系统设计的目标、任务、规模、实施路线，并分析项目风险、预测实施效果、安排工作进度、提出费用估算（包括财力、人力、设备等），最后形成开题报告或计划任务书，报决策者审批。

2.组织开发小组

依据项目目标组织开发小组，确定该小组的负责人和成员，其成员一般应当包括专职的档案专业人员、计算机专业人员、档案用户代表等。如果该项目采用外包设计的话，开发小组中还应当包括外包服务商的有关领导和技术人员。

3.可行性研究

可行性研究小组须由有关领导、专家、业务骨干组成，其要对系统进行分析、评估、论证、成本效益分析。研究内容：一是必要性分析，确定系统开发是否必要、是否紧迫。分析系统应用的宏观效益、微观效益、社会效益、经济效益、直接效益、间接效益、短期效益、长期效益。二是可行性分析，包括经济可行性，即系统开发的资金投入、产出比；技术可行性，分析可利用的技术条件，包括硬件、软件及本单位、社会上可利用的技术资源等；管理可行性，包括管理环境、管理标准化、规范化程度、已有档案数据资源等；操作可行性，分析操作中可能遇到的问题、是否具有解决问题的能力。编制可行性报告的内容应包括系统目标、可行性分析、工作进程、可利用资源、所需费用、结论意见等。

4.开展用户需求分析

系统分析后编制用户需求说明书，作为系统分析的结果和系统设计、验收的依据。用户需求说明书要从以下5个方面准确、具体地阐明用户对系统的需求：一是信息需求。系统需要处理的档案数据的门类、实体（目录、表格、台账等）。二是功能需求。系统需要做哪些处理，如归档、编目、保管统计、查询等。三是性能需求。系统需要达到哪些安全、保密、速度、效率、便捷、规范等性能要求。四是环境需求。系统实施需要哪些实施条件，如法规、制度、方法、技术、人才、资金等。五是近期和远期需求。应区分需求的轻重缓急，提出分步实施的方案。

（二）系统设计

该阶段任务是对用户需求说明书中的各项内容提出具体的设计方案，即解决系统应当如何做的问题。系统设计分概要设计和详细设计，此任务由系统分析员牵头的设计团队来承担。

1.概要设计

采用结构化设计方法将整个系统按照层次和功能的逻辑关系，自上而下逐步细化为功能单一、相对独立的计算机程序模块，以便于系统的编程、调用、调试、扩充、测试和维护。绘制功能模块的层次结构，并以文字具体描述各模块的功能。功能模块图是描述软件功能层次结构的工具，用方框和连线表示软件功能模块之间的层次或网状关系，以及模块之间的调用关系。

2.详细设计

详细设计是对概要设计的进一步细化，包括数据库结构设计、计算机输入和输出设计、用户界面设计、用户代码设计、用户权限设计以及业务流程设计等。最后以模块为单位，编制系统详细设计规格说明书，详细说明各子系统和模块的输入设计、输出设计、界面设计、数据库设计、代码设计、程序设计语言等。为了说明这些细节，应采用数据流程图来描述。用户操作界面友好是系统性能的重要指标，要求做到操作方法简便，操作提示准确，用户一看就懂、一学就会。

（三）系统实现

该阶段任务是将设计结果转换成具体的系统，主要指编写程序、软件测试、鉴定验收等。

1.编写程序

为了设计应用系统，首先要购置或配置计算机软、硬件及网络系统，安装数据库系统和软件编制工具，然后用工具软件写出正确的程序模块，即应用软件，这步工作也称为编码。程序模块设计要做到结构良好、清晰易读、容易维护。编程工作一般由计算机专业人员来完成。编程要尽量选用第四、第五代语言和自动化程序设计工具，以降低程序开发成本、提高程序质量、缩短开发周期。

2.软件测试

程序设计后须进行必要的测试。测试是为了发现程序中的错误并进行改正，以保证程序的正确性和可靠性。测试分为：模块测试，即逐个模块地测试，改正程序的局部错误；联合测试，即按功能结构设计的要求，测试功能调试模块之间的接口；验收测试，即按系统详细设计规格说明书进行整体联合测试，对系统进行正确性、可靠性、稳定性、响应时间、输入和输出界面等综合测试，测试后形成测试报告。

3.鉴定验收

鉴定验收的内容主要从系统运行的结果来考察系统是否达到预期的设计目标。具体要对以下内容做出评价：一是是否全面达到预定的系统目标；二是是否符合系统的各种效益指标；三是系统开发文档材料是否完整齐全；四是系统存在哪些问题，需要采取什么改进或补救措施。鉴定验收前系统须试运行半年以上，然后请系统的用户对系统的功能、性能、稳定性和实用性做出评价，并写出用户使用报告。

（四）系统运行、维护与评价

1.系统运行

档案管理信息系统建设要改变重系统开发、轻系统运行和维护工作的片面认识。因为系统运行是实现档案信息化实用价值的关键环节，是测试系统质量的实战环境，是培养用户档案信息意识和实际操作技能的最佳平台。新系统的运行取代原有的手工管理或旧的应用系统，会给操作流程和操作人员的工作职责带来新的变化，也会遇到许多新的问题。为此，操作人员需要通过精心组织实施方案来化解这些问题，确保系统正常运行。运行组织工作包括：制定档案管理信息系统操作制度，明确档案管理信息系统运行的分管领导、主管部门，明确系统操作人员的职责和操作要求。数据库建设：对以前没有建立过档案管理信息系统的单位，需要对现有传统档案进行目录数据录入或纸质档案数字化工作；对以前建立过档案管理系统的单位，则需要将原有的档案数据迁移到新的数据库中，对用户进行操作培训，提高用户的操作技能，对系统运行中出现的问题，应及时做好记录以便为系统维护提供第一手材料。

2.系统维护

系统维护是对运行中的系统进行不断的修正和改进，以适应用户实际的工作需要。系统维护包括：改正性维护，即为改正程序设计中的错误而进行的维护需要；适应性维护，即为适应程序运行环境的变化而进行的维护;扩展性维护,即为满足用户在使用中提出的意见和更高的要求而对系统进行改进或扩展。维护是一个时间较长的阶段,且可能需要反复多次进行。

3. 系统评价

系统评价是为了了解系统当前的功能和性能的适用性、可靠性,为系统验收和下一步改进提供依据。评价的指标主要包括:从档案工作角度评价管理指标,即系统对档案工作业务需求的满足程度、对档案工作现在和将来的影响程度,如在提高工作效率、业务能力、服务质量、科学化和规范化管理水平等方面取得的效果。从计算机系统角度评价经济性和技术性,经济性,即投入、产出分析,包括取得的经济效益、社会效益、直接效益、间接效益等;技术性,即操作界面、响应速度、系统的可靠性、处理的灵活性等。

第二节 数字档案室建设

一、数字档案室概述

(一)数字档案室的概念及内涵

《数字档案室建设指南》定义数字档案室是指机关在履行职能过程中,运用现代信息技术对电子档案和传统载体档案数字副本等数字档案信息进行采集、整理、存储、管理,并通过不同类型网络提供共享利用和有限公共档案信息服务的档案信息集成管理平台。该概念包括以下内容:建设和应用的主体是政府、企事业单位和各类社会组织的档案室。目的是更好地履行档案管理职能。技术条件是全面应用现代信息技术,包括数字技术和网络技术,其中,网络系统应包括各种类型的网络平台。管理对象主要是电子档案(归档电子文件)和数字化档案(传统载体档案数字副本)的信息。管理的功能包括档案管理的各项业务,主要是满足机构内部职能活动的需要,同时实行有限的公共档案信息服务,其有限性是由机构所有档案的价值特征和档案工作的职能所决定的,有别于数字档案馆。建设要求是建立档案信息集成管理平台。为此需要强调统一规划、统一建设、统一实施、统一管理,做到数据集成、功能集成、流程集成,协调和处理好档案部门与文书部门档案工作与业务工作、档案室与档案馆之间的关系，在文件生命周期中发挥好承上启下的信息枢纽港作用。

（二）数字档案室建设原则

1.资源强档原则

数字档案资源建设要做到三管齐下：一是将来源于机构信息系统的电子档案收起来；二是将室藏传统档案的数字化工作做起来；三是将档案数据库建起来。数字档案资源是数字档案室的立足之本和利用之源，也是国家档案资源建设的入口和源头。只有从源头上将数字档案资源做大做强，才能做到上游有水下游满。所谓“做大”，就是严格按照归档范围，对档案资源做到应收尽收、门类齐全、内容完整；所谓“做强”，就是要确保数字档案资源的真实、完整、有效和安全，做到配置合理、格式规范、管理有序、特色鲜明。因此，实行机构重要数字信息的资源化管理应当成为数字档案室建设的永恒目标和基本条件。

2.标准先行原则

数字档案室建设应统筹协调文件管理与档案管理、业务工作与档案工作、档案室与档案馆之间的关系，确保数字档案室系统与前端办公自动化系统、后端数字档案馆系统的衔接。为此，应当严格遵循既有的标准和规范，以便在系统设计、建设、运行中能够步调一致、统一规范，真正形成文档一体、馆室一体的档案管理体系。

3.整体推进原则

数字档案室基础设施、信息资源、制度规范、人才队伍的建设，需要依靠管理体系和行政手段的整体推进，特别要将数字档案室建设与机关电子政务、企业电子商务和社会信息化建设密切结合起来，确保这项工作的全面、协调、可持续发展。

4.确保安全原则

数字档案室建设应建立、健全与机关整体信息安全管理相匹配的档案信息安全管理制度，按照信息安全等级保护和分级保护要求采取安全保障技术方法，配备必要的软、硬件设施，完善灾难恢复应急机制，确保数字档案室的建设和安全运行。

5.系统集成原则

数字档案室分布点多面广，分头建设会造成资源浪费和信息孤岛问题。为此，应在国家统一规划、科学管理的指导下，研制实用的数字档案室集成系统，采用先进的架构体系的推广应用，使数字档案室系统具备统一规范的功能设置、数据结构、业务流程、性能指标，并做到与数字档案馆资源的无缝对接。

二、数字档案室的建设任务

数字档案室的建设任务包括基础设施建设、应用系统建设、资源体系建设、保障体系建设，需要机关、企事业单位的档案部门、信息化部门、业务部门和保密部门共同参与实施。

（一）基础设施建设

依托本单位信息化基础设施，建设相对独立、稳定、可靠、兼容性强、能够满足数字档案室运行需求的网络、硬件、软件、安全保障、终端及辅助设备等基础设施。

1. 网络基础设施

一般应将数字档案室的网络管理中心设于机关、企事业单位的中心机房。机房应具备防雷、防静电、防磁、防火、防水、防盗、稳压、恒温、恒湿等基本管理条件。应为数字档案室配备足够数量的网络信息点，网络性能应能适应图像、音频、视频等各类数据的传输、利用要求。

数字档案室网络平台应当与单位办公网、业务网统一规划、统一建设，实现跨系统、跨平台的信息交换和利用的分级、分层授权。数字档案室网络平台是与本地区、本部门政务网、业务网互联的，应采取相应措施确保档案数据安全。

2. 系统硬件

服务器性能和数量的配置应能满足数字档案室应用系统以及数据库、中间件、全文检索、备份、防病毒等基础软件的部署和安全高效运行的需求，并适当冗余、可扩展。应为数字档案室配备先进、高效和稳定的磁盘阵列作为数字档案资源的在线存储设备。根据本单位制定的数字档案资源保存策略，确定近线或离线备份系统的配置，近线备份应选择磁带库或虚拟带库及相应的备份软件，离线备份可选择光盘、移动硬盘等脱机存储介质以及相应的备份检测设备。

3. 基础软件

应结合数字档案室应用系统开发或运行需要，为数字档案室配备必要的正版基础软件，包括主流的数据库管理系统（一般采用关系型数据库）、网络操作系统、中间件、全文检索、文件格式转换与迁移、图像处理及多媒体编辑等软件。数字化软件包括扫描软件和图像处理软件、光学字符识别软件等。

4.安全保障系统

应结合实际，参照信息系统安全等级保护的有关要求，从多层面为数字档案室应用系统建立安全保障体系。应用系统设计实施完善的用户权限配置和管理功能，为数字档案资源的安全存储、管理提供保障。配备正版杀毒软件，如有必要，应有选择地配备防火墙、用户认证、数字签名、移动存储介质管理等软件以及业务审计软件等安全管理工具。涉密数字档案室应用系统必须按照国家有关涉密信息系统分级保护的规定执行。

数字档案室应配备专用的电子档案柜，规范存放电子档案，设置门控系统、监控报警系统，配备磁带备份系统、光盘刻录系统、断电保护UPS系统等外围辅助设备，健全环境安全和介质安全等功能，确保网络设备、设施、介质和信息的物理安全。数字档案室应健全系统备份、灾难恢复等功能，配备防火墙、入侵检测等相应技术设备，建立操作日志，通过身份认证、访问控制、信息加密、信息完整性校验、入侵检测等技术手段和管理方法确保档案数据得到有效保护。

5.终端及辅助设备

为数字档案室应用系统配备专用的终端计算机、扫描仪、数码照相机、打印机等终端设备以及刻录机、移动存储介质等辅助设备。终端配置应充分考虑档案工作的特点和档案室的实际需要，如配置宽幅、零边距、高速、底片扫描仪以及光盘标签打印机等。

（二）应用系统建设

应用系统建设应能集成管理各门类数字档案资源，具备收集、元数据捕获、登记、分类、编目、著录、存储、数字签名检索、利用、鉴定、统计、处置、格式转换、命名、移交、审计、备份、灾难恢复、用户管理、权限管理等基本功能，为电子档案的真实、完整、可用和安全提供首要保障，并达到灵活扩展、简单易用的基本要求。

档案门类管理包括电子档案和实体档案的门类、分类方案以及元数据方案的调整和扩展管理。接收采集包括文书、音像、科技和专业类电子文件及元数据的接收采集。分类编目包括分类组织、归档存储、编目著录等。检索利用包括档案检索、利用、编研等。鉴定统计包括鉴定处理统计报告等。

(三)资源体系建设

1.文书类电子档案质量要求

文书类电子文件(档案)的收集、整理、鉴定等应符合DA/T 22—2015《归档文件整理规则》的要求。此外,由办公自动化等业务系统形成并归档保存的电子公文,其质量还须满足以下要求:关于同一事由的往来电子公文需齐全、完整,电子公文的组件——正本、定稿、公文处理单、集中记录修改过程的彩色留痕稿以及确有必要保存的重要修改稿等需齐全、完整;红头、电子印章需齐全、完整;文件标题、文号、主送机关、正文、发文机关署名和成文日期等要素需齐全、完整。

2.音像类电子档案质量要求

收集、归档的音像类电子文件应经过挑选和系统整理,应能系统、客观地记录本单位的重要职能活动,以及历次活动的主要内容、主要人物、主要场景等。按照客观事实编辑形成的录音、录像类电子文件可收集、归档。

音像类电子档案应主题鲜明、影像和语音清晰、人物形象端正。照片类电子档案应以TIFF、JPEG格式保存,其可交换图像文件(EXIF)信息保存完整,像素数不低于300万;重要或珍贵的录音类电子档案以WAV格式保存,其他的以MP3格式保存,音频采样率不低于44.1kHz;录像类电子档案以MPC、MP4格式保存,比特率不低于8Mbps。

应参照相关元数据标准设置,捕获录音类电子档案元数据,至少应包括聚合层次、档号、年度、题名、录音者、录音时间、人物、地点、业务活动描述、保管期限、密级、计算机文件名、格式信息、计算机文件大小、时间长度、音频编码标准、音频比特率、音频采样率、音频采样精度、声道数、捕获设备、固化信息,以及描述电子档案管理过程的机构人员、管理活动元数据。

应参照相关元数据标准设置捕获录像类电子档案元数据,至少应包括聚合层次、档号、年度、题名、摄像者、编辑者、摄像时间、人物、地点、业务活动描述、保管期限、密级、计算机文件名、格式信息、计算机文件大小、时间长度、视频编码标准、色彩空间、大小帧速率、视频比特率、音频编码标准、音频比特率、音频采样率、音频采样精度、声道数、捕获设备、固化信息，以及描述电子档案管理过程的机构人员、管理活动元数据。

为确保音像类电子档案的真实、完整和可用，电子文件形成部门、档案部门应按照国家、行业或地方相关标准规范，围绕音像类电子档案记录的中心内容，对题名、人物、地点、主题、业务活动描述等元数据进行全面著录。

3.科技和专业类电子档案质量要求

在履行单位主要职能过程中产生的专业类电子文件都应收集、归档，包括但不限于国家档案局颁布的第一批、第二批国家专业档案基本目录所列内容。各种专业类电子文件的整理、鉴定、编目应参照相应的管理办法执行。仅以数据库形式存在的专业类电子文件，如人口、环境、农业等各种普查数据，可以借助XML等跨平台通用格式收集、归档，或直接以原数据库数据文件归档，同时归档一套完整的数据库设计文档。以电子文档形式存在的专业类电子文件，可参考文书类电子档案的各项管理要求执行。

4.纸质档案数字副本质量要求

本部分仅对批量加工的文书、科技、专业等纸质档案数字副本提出要求，电子环境中业务流程上的纸质文件数字化可参照执行。纸质档案数字化还应符合以下要求：应按完整性、规范性要求确定需数字化的纸质档案。原则上，年度内、每个案卷内或保管期限内，关于同一事由的往来文件以及每份文件的组件应完整数字化。涉密纸质档案数字化应符合相关规范要求。推荐实行数字化对象审批制，拟数字化的档案原件应经过本单位相关负责人的审查签批。在数字化过程中，纸质档案数字化系统应以件为单位自动捕获数字化元数据，至少应包括数字化授权信息、数字化日期与时间、水平分辨率、垂直分辨率、色彩空间、格式信息、计算机文件大小、数字化软件和硬件设备等。应将数字化元数据与目录数据组合形成纸质档案数字副本的元数据库，并导入数字档案室应用系统提供检索服务。应制定并在数字化过程中实行各种相应、有效的质量控制措施，对纸质档案的安全、数字副本的完整性和规范性、图像质量、元数据库的准确性等实施全程监控。在数字化项目实施过程中形成的重要数字化工作文档应归档保存，应与纸质档案数字副本的保存期限相同。应归档的数字化工作文档包括数字化对象审批书招投标文件、数字化成果验收报告、数字化流程单等。

5. 数字档案资源的备份

应根据单位电子信息系统整体备份需求制定数字档案资源备份策略，须明确备份对象、近线和离线备份策略及管理规范，配备必要的恒温、恒湿、防磁柜等设施、设备。数字档案资源备份对象应包括：各门类电子档案、各门类传统载体档案数字副本、元数据库、目录数据库、各类数字资料、数字档案室应用系统配置文件与日志文件等。应结合虚拟带库等备份系统运行机制和便于管理等情况，明确数字档案资源备份策略，包括容错级别增量备份或全量备份、备份周期核验和检测机制、磁带更新等。应根据数字档案资源形成与大小特征等，确定各门类数字档案资源的离线备份介质与管理规范。

（四）保障体系建设

数字档案室的建设、运行和维护需要建立以下保障体系。

1. 组织保障体系

应以单位分管领导组织、档案职能部门实施、信息技术部门协同、业务部门配合为原则，落实数字档案室建设工作的组织、协调和管理。建立专家咨询、示范测评、监督考核等机制，确保数字档案室建设工作有序开展。

2. 制度保障体系

在建设数字档案室的同时，必须重视本单位相关档案制度规范的制订、修订等工作，建立、健全本单位的数字档案室管理制度，具体包括岗位职责、电子文件归档与管理办法、档案数字化技术标准、档案安全保密制度、电子档案开放控制办法、档案数据网上查询利用制度、档案数据管理维护制度、电子档案鉴定销毁制度、人才配备与经费保障制度、数字档案资源备份管理制度、数字档案室应用系统、安全管理制度以及机关档案管理部门和电子文件形成部门、信息技术部门职责分工及奖惩制度等。

3. 人才保障体系

应为数字档案室配备满足工作需要的专职管理人员。配备人员应具备信息技术相关专业的学历，应具有较好的管理才能和计算机应用技能。应在制度上为专职档案管理人员的发展和进步提供保障。

4. 经费保障体系

应为数字档案室建设予以经费保障。要将各门类电子文件归档和电子档案管理、纸质档案数字化、数字档案资源备份管理以及数字档案室应用系统与维护升级改造费用纳入本单位预算，给予长期的经费支持。

第三节 数字档案馆建设

一、数字档案馆的特征

要了解数字档案馆的特征，首先要理解数字档案馆。对于数字档案馆，我们可以用两个互补的、专业性比较强的观念来理解：一方面，数字档案馆是一个存在于分布式网络中的总体，它既包括许多数字资源库，也包含与其相关的创建、查找及利用这些数字信息的整个技术系统。它处理和连接各种形式的数字化对象，使用户无论身在何地、处于何时都能存取它的信息。从这个意义上说，数字档案馆是信息存储与检索系统的重大延伸。另一方面，数字档案馆是超大规模的档案信息资源在多媒体状态下重组和再创造的创新工程。因此，它是一个面向全球的虚拟机构，进入数字档案馆系统的每个机关、团体、组织和个人都能与这个系统上的信息产生交互。在这个意义上讲，它是多种多样的物理位置的档案机构的扩展、增强和集成。在这些档案机构中，选择、收集、组织、保存多类档案信息资源并支持用户群体对它们的存取。当然，这些单位不只是档案馆、档案室、文件中心，还可能包括博物馆、文献馆、展览馆、纪念馆、学校及其他信息中心。

目前看来，对于数字档案馆的特征，我国档案界也有不少文章已经做过描述。比较共同的认识是数字档案馆应包括以下几个方面的特征：馆藏资源数字化、空间虚拟化、信息资源共享化、服务对象及需求扩大化和传输网络化。这些特征的概括是准确的，但为了更深入地开展讨论，我们更可以把数字档案馆的特征概括为以下几个方面。

第一，档案馆管理自动化。这是对档案馆自身管理行为现代化的确定，而这种现代化是建立在计算机数字化管理的基础上的。这个特征是基础性的，具有普遍意义，它是开展其他数字化工作的前提条件。现在许多文章在探讨数字档案馆或虚拟档案馆时，通常全篇看到的是对档案馆美好前景的预测与憧憬,很少涉及传统档案馆的现代化管理问题,忽视了档案管理具体业务环节的计算机化管理,还有诸如档案自动编目和检索、档案自动标引、档案馆办公自动化、档案库房保护技术现代化、档案数据库设计与建立等问题。事实上,这些问题不解决,数字档案馆就是空中楼阁,无从谈起。而如果我们在理论探讨上不把这个特征作为数字档案馆的首要特征来讨论,则很可能把数字档案馆的研究引入毫无意义的空谈之中。

第二,馆藏档案信息数字化。与传统的档案馆藏不同的是,数字档案馆中的众多档案不再孤立地散布于世界各地的档案馆中,而是永久性地存储在硬盘、光介质之中,或流动在全球信息网络上,成为人类共享的知识财富。数字档案馆实际上是一个数字信息资源库的概念,这个资源库是有声音、有文字、有图像的多媒体式数字信息资源库。因此,首先必须将各种档案信息转化为二进制数字存储起来。

第三,档案信息组织标准化。档案信息组织形式从纸张上顺序的、线性的方式转变为电子计算机的直接的、网状的方式。索引文件、超文本技术等使得信息可以按本身的逻辑关系组织成相互联系的网状结构,这为方便用户检索、提高检索效率奠定了基础。因而,数字档案馆的信息组织必须遵照标准格式,档案数据库中的信息资源才能有序,以防止杂乱无章带来的资源查询和利用上的不方便。另外,数字档案馆引进大量数据处理技术,比如数据仓库技术、数据挖掘技术、数据推进技术、数据打包技术等,都需要以信息组织标准化为基础,才能充分发挥作用。

第四,档案信息存储海量化。传统载体的档案数字化,需要机读系统和机检系统提供海量存储介质予以保存,而电子文件、档案的管理,更需要有海量的存储系统作为技术支撑。因而,各个物理位置的档案保管单位,必须采用海量存储技术。目前,我们采用的海量存储技术包括两种:一是光盘技术,二是缩微技术。这两种技术都是我们建立数字档案馆的重要技术支柱。

第五,档案信息传递网络化。数字档案馆是在网上运行的,而且通过使用宽带高速网来实现。因而,传递网络化是档案信息虚拟化生存和实现档案信息社会化服务的基础。目前看来,支持数字档案馆的网络技术主要有局域网技术、Internet 和 Intranet 技术。局域网技术主要解决一个档案馆或一个本地系统办公自动化与档案信息服务问题,而数字档案馆则主要依赖 Internet,借助 Internet 全世界的档案馆可以形成一个巨大的档案信息网络，成为一个巨大的信息空间，同时，也把档案信息纳入整个社会信息系统中。但由于档案信息不同于图书信息，其传递利用受时效和密级限制，同时为信息系统的安全考虑，在许多场合下需要使用Intranet技术，建成一个内部网，提供授权的信息服务。

第六，生成空间虚拟化。数字档案馆是分布式的，通过计算机网络可以跨库查询。它是一个档案馆群体的概念，是由一个地域或一个国家的众多传统档案馆或信息资源单位组成的联合体。由于网络技术的运用，传统档案馆改变了其性质与存在方式。正如有的学者指出："通过网络的连接，传统档案馆被分成两类。一类是信息源档案馆，一类是终端档案馆。"信息源档案馆为数字档案馆提供信息，终端档案馆则为用户提供服务。其中，终端档案馆就是一种虚拟的工作环境。

第七，档案信息服务社会化。数字档案馆可以为用户提供方便、快捷、全面的服务。在传统的档案馆中，传统介质的档案在一段时间内只能供一个使用者使用，其他用户如果也想获得档案信息，则必须上档案馆排队等待。因而，很难实现真正意义上的档案信息服务社会化。例如，世界十大档案馆之一的梵蒂冈档案馆，就是以收藏绝版的档案和古卷宗而闻名于世的。在那些宗教书籍中，有350年前最古老的康斯坦丁堡版的圣经原件；在地理藏书中，有绝版的公元15世纪托勒密所著的地理手稿。这些档案、古书籍、文物都是在其他地方所无法找到的真迹与绝版。档案馆为了保护这批档案、文物不受损坏，每年都投入了大量的金钱与物力。同样，为了保护档案、文物，该档案馆每年只批准2000名左右的学者和专家来此进行研究。为此，很多学者等了数年也依然无法如愿。至于一般人士，更是不能利用这些珍贵的资源。如果建立了数字档案，这个问题就会迎刃而解。档案馆只要用扫描仪或数码相机，将自己馆内收藏的书籍以及档案卷宗等制成文件交给计算机储存，用户可以利用计算机网络来访问档案馆。用户在任何时间、任何地点都可以进入馆内查找资料，可以在计算机网络上利用档案馆提供的这些档案、文物复制品进行学术研究，而实态的档案、文物则可以得到真正永久的保存与收藏，也实现了真正意义上的档案信息服务社会化。

二、数字档案馆建设模式

数字档案馆一般建立在现有的办公自动化系统基础之上，这样可以共享到办公自动化系统的基础数据,并尽可能地充分利用现有的硬件设备(网络设备、光盘库等)和软件资源(操作系统、数据库、应用软件等)。

建立数字档案馆需要分析一个具体档案机构或者信息中心的总体工作目标,以保证能够在整体统一的前提和约束下进行逐步的实施和深化。因此,应该在有序、可控的情况下,本着先整体后局部、先通用后特定的原则提出分步骤、分阶段实现总目标的解决方案。下面提出一个数字档案馆模式,以供实际建设时参考使用。

(一)硬件选型方案(配置仅供参考)

1.主机

可选用各著名品牌的PC,当然,其性能需要适合作为部门服务器使用,可供用作大型文件、打印服务器、数据库服务器、邮件服务器、群件服务器。

2.磁盘阵列

作为存储的数据设备,应该首先考虑其稳定性和可扩容性,一般为柜式结构,可以进行串行连接,以扩充其容量。

3.扫描仪

需要配置高速扫描仪,以完成档案的数字化任务。另外,配置平板扫描仪,承担平常的扫描工作,扫描图纸、照片等。

4.各工作站

(1)扫描工作站:主要负责对档案原件进行扫描处理,并按一定的命名约定和格式,保存在工作站本地的磁盘上,以便进行下一步的工作。

(2)索引工作站:运行系统的客户端软件,主要完成自定义影像索引格式以及由机器自动或者手动建立影像索引。产生的索引文件按照一定的规则同先前产生的图像文件一起保存到工作站的本地硬盘。

(3)归档工作站:对上面得到的两类文件进行归档处理,即将从扫描工作站得到的图像文件上载到合适的多媒体文件服务器,将从索引工作站得到的索引文件整理后,连同图像文件在多媒体文件服务器上的位置一起存入目录服务器,以便于日后的定位查询。

(4)查询工作站:根据用户的要求,对图像文件进行查询调阅。用户可以通过具体的关键词进行查询,也可以使用模糊查询的方式进行全文检索,另外,对查询出来的影像文件提供多种影像处理功能,如旋转、缩放、多页显示、批注处理、水印嵌入、缩微图等。查询工作站既可以在普通的局域网上工作,也可以在互联网上运行。

5.多媒体文件服务器

影像文件在建立索引后将移至多媒体文件服务器进行存储。当存储在服务器硬盘上的数据达到一定数量时,为了保证服务器的存储空间和性能不受影响,系统可以自动或者手动将硬盘上的数据迁移到光盘库等外部设备中。

6.目录服务器

目录服务器实际上是一个数据库服务器,可以支持SQLServer、SYBASE、Oracle、Informix等大型数据库。利用该数据库存储影像文件相对应的索引信息,它是响应用户查询的首个数据通道。

(二)数字档案馆系统结构

作为一个具体的实体单位,建立数字档案馆应该包括以下子系统:综合档案业务管理子系统,电子文档管理子系统,档案数字化子系统,Web查询与信息收集、发布子系统,系统管理与维护子系统等。

综合档案业务管理子系统提供用户管理、电子文档管理、档案著录项目定义、录入界面定义、报表定义、检索方式定义及档案基本信息的增加、删除、修改和检索。其他系统都在利用综合档案业务子系统提供的基本功能,或是在基础信息管理子系统的基础上扩展而生成的。系统的软件构架是多层体系结构,后台可以接各种档案和文件管理系统数据库,中间是业务逻辑层,处理档案机构的业务逻辑,提供扩展功能,前端是表现层,用终端或Web方式展现信息给用户。

三、数字档案馆建设的系统功能

(一)综合档案业务管理子系统

该子系统一般包括以下功能。

1.综合档案管理

本功能模块一般提供归档接口、归档文件整理和档案管理各业务环节处理等功能。

2.用户管理

用户管理模块实现的功能包括对用户、用户组信息的维护和权限设置。用户组的类型包括管理员组、一般用户组。用户组可以包含任意多个用户。管理员组在系统中始终存在(不可删除)。对于管理员组的成员:第一,管理员组的成员拥有系统的所有权限并且不可更改;第二,管理员组中至少有一个特殊成员;第三,可以决定管理员组的成员(以上3项优先级由低到高)。用户是实际可登录、操作系统的成员。对于用户:第一,一个用户可以属于多个用户组,也可以不属于任何用户组;第二,系统中至少有一个特殊用户。权限设置:某项权限可以赋予任意组,也可以赋予任意用户。权限信息存储表实际上是一式两份的,一个针对用户组,一个针对用户。这就可能存在重复赋权的情况。权限设置规则如下:第一,用户组拥有的权限,组中成员同样拥有;第二,允许重复赋权,也就是为用户组赋权后,还可以给组中成员赋予同样的权限;第三,用户组与用户的包含与被包含关系只是逻辑上的关系,组被删除并不影响用户的存在;第四,用户组权限被修改,不影响单独为组中成员所赋予的权限,反之亦然;第五,用户是否拥有某项权限,要看其自身是否拥有该项权限,或其所属组是否拥有该项权限。

3.数据操作

数据操作是档案基础信息管理系统的重要功能模块之一。常用的数据操作类型有数据浏览显示、(记录)移动、添加、删除、修改等。

(二)电子文档管理子系统

1.电子文档数据管理

描述每一份电子文件的原始信息:文件ID号、文件号、页号、作者代码、作者名称、用户ID、版本号、文件类型、打开应用程序、文件原始长度、文件压缩后长度等。

2.权限控制

原文权限类型:原文读、写、删除权限设置,读原文描述信息,写原文描述信息,读批注,写批注等。系统应该能支持扩展权限的添加及描述。

3.电子文档加减密、加减压

该功能承担的任务是加载原文到系统时对原文进行加密和加压,原文传输及存储时是加密和加压后的原文,原文下载及浏览时进行减密、减压。

4.电子文档传输

使用FTP实现原文的网络传输。

（三）档案数字化子系统

1.功能

档案数字化子系统所具有的功能是实现原文档案信息的采集、转换、识别、压缩、加密、管理、发布及检索利用。

档案数字化子系统将利用扫描仪、数码相机、音频转换卡、视频转换卡等设备将各种档案（包括纸质档案、照片、录音、录像、磁带、电子文件等）转换成便于计算机识别和利用的数字文件（图像文件、声音文件、影像文件等），进而对这些文件进行识别、OCR识别、文件压缩、文件加密等技术处理，以便存放于各种海量存储介质（磁盘、磁盘阵列、光盘库、磁盘库等）中，实现档案的自动化管理，并在局域网、广域网、企业内部网或国际互联网上进行发布，最后利用各种方法及先进的检索手段迅速检索出所需要的档案信息，轻松实现浏览、下载、编辑、打印等功能。

2.结构

档案数字化管理系统是一个三角形的架构，总体来说，包括1个目录服务器、1个或多个对象服务器、1个或多个客户端。结构的核心是目录服务器，它用来管理系统的目录结构，运用各种检索技术定位存储对象，提供安全查询，以及与对象服务器通信。

数字化档案管理信息的内容存放于对象服务器中，其中图像、文本、非数据流的多媒体信息存放于普通的对象服务器中，而数据流服务的视频信息存放在一种特殊的对象服务器——视频服务器中。当客户端的查询请求被对象服务器处理并定位了存储的对象服务器后，所查询的内容将由对象服务器直接传送给客户。

3.档案文件的数字化

档案数字化子系统具备档案实体信息扫描制作及存储功能。建立档案内容信息库能对多种媒体形式，包括纸张、照片、电影胶片、录音带、录像带等进行数字化处理，应用计算机来管理制作流程，并能在一定程度上恢复破损模糊的档案原件，为批量处理及大容量存储提供支持。第一，为了保证档案的原始性，在档案数字化的过程中提取数字指纹作为档案的元数据并嵌入数字水印。第二，各种不同的档案实体采用不同的数字化处理方法。对于纸质文件,大部分质量好、识别状况好的用高速文档扫描仪,小部分质量差、识别状况不好的用彩色扫描仪,处理后以黑白影像形式存储。对印刷体的文字提供OCR功能。对于照片,则用彩色扫描仪扫描,处理后以彩色图像格式存储。对于缩微胶片,用缩微胶片扫描仪扫描处理后以黑白影像形式存储。

在档案原件信息化过程中,工作量最大的是档案原件的扫描处理。在一些馆藏量较大的档案保管部门,甚至要建立一个工作车间(扫描工作站)来具体完成这项工作。由于对档案原件进行扫描涉及档案原件的安全问题,所以必须制定一个详尽的工作计划,并规划工作流程。

进行档案原件扫描的一般流程如下。计划管理:对需要扫描的档案原件的档号范围、期限、参与者、分工、开始时间、完成情况、审查等进行管理。数字化统计:根据数字化簿记和流程记录,统计扫描者、图像处理者、视频制作者扫描、处理、制作的卷数、页数,统计文档扫描、灰度扫描、彩色扫描的比重。簿记管理:可修改和删除介质状况、拆卷否、起止页码、页数、处理状况、责任者、发生时间等簿记信息。领用登记:记录领用的档案,检查档号是否在计划范围内、是否在目录库内,允许输入档号范围,跳号调卷。拆卷处理:把成卷的档案分散成单体形式,拆卷要做记录,详细记录拆卷档案所在的保管单位、起止页码、页数。扫描处理:确定所在扫描工作站提供的扫描手段是文档扫描、彩色扫描还是缩微胶片扫描,提供的是批量扫描还是单页扫描。根据档号记录扫描过程,允许多次扫描的,分别记录结果,由操作人员确认后保存其中的一份;提供模板或输入扫描参数,控制各种不同的扫描器;提供页序号的调整、删除,通过单页扫描增加一页或替换一页;提供预览,多页可同时显示在屏幕上,可放大缩小;提供预处理,可切边、任意角度旋转。图像处理:对黑白二值图像,通过计算机计算黑点的密度来去除噪声,可利用OCR生成文本文件;对灰度图像,采用一维灰度直方图、二维直方图来去除噪声;对彩色图像,利用图像处理软件进行处理。视音频制作:通过专用系统来制作。数字化效果检查:操作人员检查数字化状况,做出是否通过的决定,如果是图像处理问题,再做图像处理;如果是扫描问题,再做扫描处理;如果是视音频制作问题,处理状态设置为视音频制作前的一个状态,再做视频、音频制作。目录库连接:更新目录信息,转移多媒体数据至内容信息库。质量检查:检验目录库和内容信息库,如果发现目录与内容不一致,可修改目录信息。装订登记:将单体档案重新组织保管单位并做记录。入库记录:记录入库的档案。备份:数字化工作区域硬盘满一张光盘时,做光盘备份,同时删除硬盘备份,光盘备份可在单机上阅读。

4.批量扫描的条码方式实现

高速扫描产生的影像与目录挂接,使用条码识别实现。条码打印:系统从目录库中提取数据,生成档案的条码信息,支持普通激光打印机批量打印出条码。档案扫描:把粘贴好条码的档案,通过高速或者普通扫描仪得到大量图像文件(TIFF、BMP等),并临时存储于本地磁盘中。条码识别:条码识别支持对图像文件上的条码影像进行识别,得到档号等文本信息,以便系统与目录系统挂接。信息校验:条码识别率可达99%以上,而对于存在的识别误差,可通过接口校验程序,用识别得到的关键字与相关系统的关键字进行校对,把不正确的识别出来,并由人工更正。光盘备份:数据量达到一定程度后,用户可以使用光盘等存储设备对数据进行备份,以后可以方便地进行恢复或者直接从光盘查询资料。上载:上载程序把扫描后生成的图像文件及其关键字段上载到目录服务器和对象服务器。

(四)Web查询与信息收集、发布子系统

该子系统提供对网络信息的采集和专项发布功能,嵌入全文检索技术,能够快速、准确、完整地查找到有用的信息资料,主要包括以下功能。第一,信息的远程查询:通过浏览器实现局域以及广域范围的信息查询。第二,信息的采集、归纳:多方位、多角度的信息采集,不仅可以从OA系统、业务系统,也能够从互联网进行信息的收集和整理。第三,专项信息发布:用户可以自行组织专题题目的信息发布。第四,网站的安全维护、系统维护、信息维护、数据库维护。第五,网页的制作与维护:个性化定制网页的表现形式。

(五)系统管理与维护子系统

对整个系统进行整体管理,一般包括:用户管理、数据备份与恢复、主题词库的设置与维护、分类库的设置与维护、分类表的设置与维护、代码表的设置与维护、日志库的设置与维护。

鉴于我国的数字档案馆建设有着广阔的发展前景,目前许多软件开发公司已经开始注意这方面的专项开发,如北京世纪科怡发展有限公司在数字档案馆系统开发方面就卓有成效。我国第一个数字档案馆——深圳市数字档案馆,就是该公司和深圳市档案局合作开发的。深圳市数字档案馆的应用系统包括文档管理系统、档案管理系统、档案目录管理系统、文件中心管理系统,系统由数字档案馆支撑应用平台、业务应用系统和SD2000文件管理系统组成。与曾经风靡一时的深圳经济模式一样,深圳数字档案馆模式已经引起了档案界的极大关注。当然,随着高科技的不断发展与运用,数字档案馆的模式将进一步得到完善。

第四节 档案网站建设

档案网站是档案部门在互联的公共信息网络上建立的站点,它以网页方式提供相关信息和相关服务,构成公共信息网络的一个节点。档案网站建设是档案部门信息化建设的一项基础性工作和档案信息服务的重要方式。

一、档案网站的类型

随着信息技术和利用需求的发展,档案网站的功能和类型不断增多,目前已建成的档案网站根据其所建环境、服务对象、建设主体和技术手段的不同而分为不同类型。这里仅介绍根据不同主体建设的网站类型,主要有档案局(馆)网站、专门档案馆网站、企事业单位档案网站、档案刊物网站、档案教育与咨询网站等,其中前两种是主流档案网站。

(一)档案局(馆)网站

档案局(馆)网站包括国家档案局网站和地方档案局(馆)网站。国家档案局网站既是国家档案局的官方站点,也是全国档案信息网站的门户网站。国家档案局网站上提供了全国各省、自治区、直辖市档案局(馆)网站的链接,起到了引领网站的作用。地方档案局(馆)网站是发展最快、数量最多的一类网站,这些网站依托地方档案馆的馆藏资源提供在线服务,同时在网络上实现档案行政管理和行政服务功能。因此,地方档案局(馆)网站兼具档案局政务窗口、网上档案馆和地方档案网站门户3重作用。地方档案局(馆)网站名称不一,如上海档案信息网、北京档案信息网、天津档案网、琼兰阁(海南省档案馆网站)等。

(二)专门档案馆网站

专门档案馆网站是基于国家专门档案馆馆藏而建立的网上专业档案利用、服务站点,如外交部档案馆网站、上海市城市建设档案馆网站、辽宁省地质资料档案馆网站、贵州省测绘资料档案馆网站等。

(三)企事业单位档案网站

企事业单位档案网站是企事业单位依托本单位档案馆(室)资源而建立的提供档案宣传、查询和利用的站点,如上海大学档案馆网站、北京师范大学档案馆网站等。

(四)档案刊物网站

档案刊物网站是档案杂志社或档案出版机构在网上建立的具有网络出版、网上发行功能的档案站点,是为档案学者和档案从业人员提供学术探讨、业务交流和专业资源共享的园地。档案刊物网站:档案知网(《档案学通讯》杂志社主办,现已停办)、档案界(《档案管理》杂志社主办)、中国档案资讯网(《中国档案报》杂志社主办)。这些刊物网站起步晚、数量少,但形式活泼、发展较快、访问量较大,在档案学术界影响较大。此外,大多数省级档案刊物在本省的档案局(馆)网站上开辟了专门的板块或栏目。

(五)档案教育与咨询网站

档案教育与咨询网站是档案教育机构、档案学会、档案研究机构或档案行政管理部门建立的,以档案教育、培训、咨询和档案业务交流、研讨为目的的档案站点,如档案教育网网站(中国档案学会主办)、档案在线网站(《中国档案信息主流网站发展状况及其用户需求的调查与分析》课题组主办)、上海大学图书情报档案系网站等。

二、档案网站的作用

(一)档案宣传的新途径

档案网站为档案部门宣传档案工作提供了新的方式和新的窗口。互联网是继三大媒体(报纸、广播、电视)之后飞速发展起来的第四媒体,能够克服传统的档案宣传形式的诸多局限,成为档案部门加强和深化宣传工作的新窗口、新阵地。利用网站宣传档案工作的优点主要有生动活泼,图、文、声、影并茂,容易被广大利用者所接受;传递迅速,宣传面较广,不受时间及空间的限制;针对性比较强,档案网站的来访及利用者的素质一般都比较高,能够通过自助方式找到所需信息资源,取得较好的宣传效果;兼容并蓄,能与报纸、杂志、广播、电视等多种宣传途径互联互补;档案宣传与档案利用结合得比较紧密,宣传的同时也可提供档案信息资源利用,使受众更乐于接受,这也是网站宣传的独特魅力。

(二)档案信息服务的新方式

档案网站为档案馆提供了改善服务的新手段、新渠道。档案馆可以充分利用网络分布的广泛性、开放性、动态性和非线性等特点,在网上公布馆藏指南和检索目录,定期或不定期进行特色档案信息发布等,通过网站为社会各界开辟一个档案信息服务的新通道,如北京市档案馆在其网站上记载了对外开放的70余万条开放档案目录,开通以来访问人次已经超过20万,效果非常明显。

为提高档案信息资源的利用效率,充分发挥档案信息资源的作用,除正常接待查档外,许多档案馆开展了函电代查、代抄、代复制、档案咨询等多种形式的服务活动。互联网的发展又为档案馆提供了新的服务手段。电子邮件是互联网提供的一种快速、高效、方便、价廉的信息传递方式,通过电子邮件,不仅可以传递文字信息,还可以传递声音、图像、影像等多媒体信息。档案馆通过电子邮件这种形式可以突破函电代查、代抄、代复制的局限性,为利用者提供更加及时、准确、全面的信息服务。一般档案馆都在主页上公布一个可供联系的电子邮件地址,这样远在外地的利用者可以将其查档要求通过电子邮件告知档案馆,档案馆在根据其要求查阅后,将查档结果以电子邮件的形式传送给用户。

三、档案网站的具体功能

不同类型的档案网站由于所依托的档案资源、运行的网络环境和服务对象的不同,功能并不相同。

(一)档案检索

档案检索是档案网站的基本功能,其检索内容包括政府现行文件、主动公开信息、历史档案以及其他文献资料,检索层次可以是目录信息全文信息或编研成果，检索途径有题名、档号、关键词、分类号等，检索方式有简单检索、高级检索等。网上档案信息检索还可采取动态检索链接机制，提供站内检索、站外检索或复合式检索，实现跨库检索。对于内网网站，采用身份识别、权限控制、内容分级管理等机制；对于面向社会公众的外网网站，目前仅限于开放档案的目录查询和部分开放档案的全文查阅。

（二）档案管理

档案馆（室）将其档案管理业务的某些环节或内容延伸至档案网站，以适应管理环境的网络化，提高档案管理效率。基于外网的档案网站，除提供上述的检索业务外，一般兼有档案发布、档案征集、在线移交档案展览、业务咨询、借阅服务等功能。而基于档案馆（室）内部局域网的档案网站，通常是整个档案馆（室）业务管理系统的统一平台，网站上集成了档案管理业务的各个方面。

（三）档案行政

档案行政管理部门将其行政管理职能拓展至档案网站。档案局（馆）网站主页一般设有政务公开、政策法规、业务指导、在线审批、行政投诉等栏目，具有政策解读、规范性文件发布、网上办公等政务功能。

（四）档案宣传

档案机构可利用网站这一信息平台，通过设置馆（室）概况、馆（室）藏介绍、服务指南、工作动态、行业要闻等栏目，全方位、多角度地宣传、介绍档案机构、档案工作和档案职业，帮助公众了解已有的档案馆（室）藏和档案信息服务，使档案网站成为网络环境中档案机构形象和档案职业形象的缩影，提升档案机构的社会影响力，增强社会大众的档案意识。

（五）交流互动

档案网站可通过设立建言献策、用户园地、统计调查等专题栏目，开辟用户博客、微博空间，提供电子邮箱、微信公众号及其二维码，开通网上实时咨询，开通手机软件程序模块等功能，收集档案用户的反馈意见，征询社会各界对档案工作的建议，答复各类用户的咨询提问，在档案机构与社会公众之间架起双向沟通的桥梁，使档案网站成为档案用户、档案管理者、档案形成者、档案专家等多方交流、协助互动的信息平台。

(六)文化展示

档案网站可设立珍藏集萃、特藏展室、专题展览、在线参观、名人档案等栏目,利用信息网络极强的辐射力展示具有重要历史意义和美学欣赏价值的珍贵档案藏品。通过网上展览,展示人类社会发展的文明财富,弘扬民族文化,传承历史记忆,提升档案网站文化品位,体现档案机构的文化内涵及其对保护人类文明的重要意义。

第五章　档案信息化保障体系建设

档案信息化保障体系建设是指利用信息技术手段对档案管理进行全面的信息化改造和升级，以提高档案管理的效率和质量。

档案信息化保障体系建设可以提高档案管理的效率。传统的档案管理方式需要大量的人力和物力投入，而且操作烦琐、容易出错。而通过信息化手段，可以实现档案的电子化存储、检索和传输，大大提高了档案管理的效率。比如，通过建立档案管理系统，可以实现档案的快速检索和查询，避免了传统方式下需要翻阅大量纸质档案的麻烦。同时，档案信息化还可以实现档案的远程访问和共享，方便了档案的利用和交流。档案信息化保障体系建设可以提高档案管理的质量。传统的档案管理方式容易出现档案遗失、损坏和篡改等问题，而且档案的保存时间有限，容易受到环境和时间的影响。而通过信息化手段可以实现档案的数字化保存和备份，避免了档案的遗失和损坏。同时，档案信息化还可以实现档案的电子签名和加密，保证档案的真实性和完整性，防止档案被篡改和伪造。此外，档案信息化还可以实现档案的长期保存和永久保存，保证了档案的可持续利用。

档案信息化保障体系建设可以提高档案管理的安全性。通过信息化手段，可以实现档案的远程备份和恢复，保证档案的安全性。比如，通过建立档案管理系统，可以将档案数据备份到远程服务器，避免了档案数据因意外事件而丢失的风险。同时，档案信息化还可以实现档案的权限管理和审计跟踪，保证档案访问和使用的合法性和可追溯性。档案信息化保障体系建设可以提高档案管理的服务水平。传统的档案管理方式需要用户亲自前往档案馆进行查询和复制，不仅浪费了用户的时间和精力，而且限制了档案的利用。而通过信息化手段，可以实现档案的在线查询和复制，方便了用户的使用。比如，通过档案管理系统，用户只需要在电脑上输入关键词就可以快速找到所需的档案，大大提高了用户的满意度。

第一节 宏观管理保障体系建设

档案信息化是档案事业发展的战略举措，也是档案工作现代化的立体战役。为了确保这项工作能够循序渐进地开展，需要自上而下地进行总体规划和精心地组织实施。

一、档案信息化规划

档案信息化规划是档案行政管理部门针对档案信息化事业发展制定的全局性、长远性谋划，是对发展目标、任务、措施的宏观思维、精准描述和权威部署，是反映发展规律、驾驭发展大局、破解发展难题的顶层设计，具有定位目标、激发士气、凝聚人心、统一步伐的作用。

(一)规划制定的原则

1.统揽全局的原则

规划首先要明确档案信息化的指导思想、基本目标、工作任务、措施步骤、保障体系、评价指标等。档案信息化规划要有前瞻性、系统性、严肃性、权威性和操作性。在目标的确定上既要起点高，又不能不切实际地盲目拔高；在任务的确定上既要全面覆盖，又要重点突出；在措施的确定上既要宏观布局，又要微观落地；在保障体系的确定上既要营造动力机制，又要设定约束机制；在评价指标的确定上既要定性，又要尽可能定量。特别要做到与本单位档案事业发展规划和本地区信息化发展规划相衔接，争取取得组织、资金和人力上的支持。为了落实好规划，要建立集规划制订、协调、监督、意见反馈、补充完善于一体的规划执行机制。通过落实责任、考核和目标管理，努力实现预定的信息化蓝图。

2.分步实施的原则

档案信息化涉及面广、工作量大、制约因素多。因此，在制定规划时，要充分考虑国家、地区信息化战略的实施进度、档案信息化的近期需求、档案基础工作条件、管理制度和业务规范的配套情况，以及经费、人力的投入能力等。要在全局性、长远性目标指导下，根据需要和可能，将总目标分解为若干个阶段性目标，以便分步实施。阶段性目标要处理好前后衔接关系，每一阶段的目标任务既要继承前阶段的成果，又要为后阶段创造条件。特别要将档案信息资源建设列入阶段性目标的主要任务，并提出量化的指标要求，如电子文件归档和传统存量档案数字化应当达到的百分比等。

3.需求驱动的原则

长期以来，信息技术领域有一句行话“以需求为导向”，它是信息技术应用的一条重要规律。现代信息技术几乎无所不能，然而只有与特定的需求相结合，才能实现信息化的价值。需求决定计算机应用的发展方向、检验标准和实际效能，是信息系统建设的出发点、归属点和动力源泉。不重视需求或找不准需求，必然使档案信息化偏离正确的轨道，甚至付出沉重的代价。

4.突出重点的原则

所谓突出重点，就是规划要满足重点需求。需求是一个相当具有弹性的概念，分为一般需求和主要需求、潜在需求和现实需求、表面需求和本质需求、当前需求和长远需求等。突出重点就是要在调查研究的基础上，分析出和把握住主要需求、现实需求、本质需求、当前需求和紧迫需求。因此，在制定规划时，要从本单位、本行业的实际出发，以问题为导向，以必要性和可行性统一为基础，找准需求，定义总目标和阶段性目标，一步一个脚印地有序推进档案信息化工作。

（二）规划制定的步骤

1.组织机构

档案信息化规划的制定事关大局、事关长远，应当建立由单位主要领导主持，信息化管理人员、相关业务技术人员和档案管理人员参加的规划起草小组，具体负责规划制定的全过程工作。为了开阔眼界、借用外力，还可以聘请外单位的档案信息化的专家对规划起草人员进行培训，对起草工作给予审核、把关或直接负责规划的撰写工作。

2.调查研究

调研主要包括4个方面：一是对国际、国内、本地区、本行业档案信息化发展战略和规划的调研，了解其对档案信息化目标、任务、措施的定位，以便为本单位规划的制定提供参考。二是对同行业或相近行业档案信息化的先行单位进行调研,以便学习和借鉴他们的成熟经验。三是对社会信息化发展状况进行调研,了解其软、硬件技术发展水平,以及哪些技术适用于本单位。四是对本单位档案工作和档案信息化需求进行调研,发现和分析存在的问题,研究利用信息化手段破解问题的对策。

3.撰写规划

对调研结果进行归纳总结,撰写调研报告。根据调研报告撰写规划大纲,并征求有关领导、专家或业务技术骨干的意见。根据拟定的规划大纲,撰写规划初稿。初稿完成后组织专家进行科学性和可行性论证,并广泛征求机关各业务部门和相关单位的意见,修改完善后交本单位领导审核、签发,然后正式发布。

4.规划发布

规划发布时要一并提出规划执行的指标要求、进度要求和责任要求,并按照言必信,行必果的要求,跟踪规划的执行情况。

(三)规划的主要内容

1.回顾总结

回顾总结本单位档案信息化的进程、现状,取得的基本经验或主要体会,以及存在的主要问题。对于尚未建立档案管理信息系统的单位可以总结本单位档案工作的现状,以及为档案信息化创造的基础工作条件,如档案制度化、标准化建设,档案资源建设,档案人才队伍培养等。

2.目标定位

目标是对档案信息化建设预期前景和效果的描述。目标可以分为总体目标和具体目标两部分。目标定位要有以下"五个度":高度,即体现高起点、高标准、高水平;宽度,即做到档案业务工作的全覆盖;深度,即要致力解决发展中遇到的热点、难点问题;亮度,即要有创新点和闪光点;温度,即要满怀热情地贴近时代、社会、生活、百姓。总目标的实施周期应尽量与本单位发展规划相吻合,一般为5年。

3.任务部署

任务是对目标的细化。目标一般比较原则、概括和宏观,任务则要尽量具体和微观。任务一般按档案信息化的要素细分,包括基础设施建设、信息资源建设、应用系统建设和保障体系建设等。任务部署要尽量做到定时、定量,如纸质档案数字化工作每年要达到多少页、占馆(室)藏总量的百分比是多少等。

4. 措施落实

措施是指实施档案信息化的必要条件，一般包括人员观念的改变、档案基础工作的跟进、技术平台的建设、信息安全的落实、资金持续投入以及人才队伍培养等。其中，档案基础工作部分要特别强调“兵马未到，粮草先行”，即提前、重点做好电子文件归档、纸质档案数字化工作。

二、档案信息化组织

制定科学的规划是档案信息化的起点和前提，它使信息化建设者在目标、任务、措施等方面达成了共识、统一了步骤。接着，就需要通过强有力的组织，即通过指挥、协调、监督、指导、服务等管理方式和行政手段，确保规划的贯彻落实。执行力不足会使一个好的规划流于形式，创新规划的执行体系和执行手段是提高规划的权威性和约束力的关键举措。

（一）思想观念更新

档案信息化是新形势下档案工作顺应潮流、抓住机遇、加快发展的重大战略。规划是战略实施的顶层设计，是长远性、全局性的谋划，是避免战略实施随意性和盲目性的有效举措。只有充分认识规划实施的重要意义，才能增强实施规划的责任心和自觉性。

同时，要认识到实施规划要有新思路、新对策，要改变过去重规划、轻实施，重技术、轻管理，重平台建设、轻资源建设，重档案科研、轻成果应用等片面的、落后的观念，以崇尚科技、重视改革、锐意进取、尊重人才、创新务实、真抓实干的新思路、新对策来破解规划实施中的难题，化解来自各方面的阻力，推进规划的顺利实施。

（二）组织体系创新

档案信息化应当是一把手工程，必须由机构的主要领导分管档案信息化工作，并建立集规划、执行于一体的档案信息化主管部门，才能及时高效地协调处理档案信息化建设中遇到的复杂关系，避免因多头管理而造成政出多门、相互推诿的现象。

档案信息系统的建设和运行涉及与外界系统的互联。前端与办公自动化互联，确保对归档电子文件的前端控制。后端与本单位各种业务系统互联，确保为社会或本单位行政业务系统提供档案信息服务。单靠档案部门难以处理与档案外部系统的关系，必须由本单位主要领导牵头挂帅，才能做好跨部门的组织协调工作。因此，各单位分管档案工作的领导应当同时分管档案信息化工作，负责实施档案信息化规划的各项组织工作，负责将规划实施列入本单位信息化发展规划和年度计划，使这项工作在机构、岗位设置，人员、经费投入等方面得到满足，保障规划的实施。

（三）管控措施到位

档案行政管理部门要对规划的实施采取有力的管控举措。

1.要保持规划的权威性和严肃性

对已经列入规划的每项任务都要做到言必信、行必果，对规划后未执行的任务要追究原因和责任。按照规划制定有关项目的实施方案，规定具体的实施内容、进度、要求，一抓到底，直至见效。将规划实施的组织、协调、监督、指导纳入档案工作的法规、制度、标准、规范系统中去，纳入行政部门工作的职责和考核办法中去，通过档案法治和行政的手段，防止发生档案信息化不作为或乱作为现象。

2.要夯实档案信息化的各项基础工作

档案信息化建设的重点是档案信息资源建设。为此，要围绕档案信息资源管理的目标和任务，扎扎实实地做好传统文件和电子文件的积累、归档，以及归档后的档案鉴定、分类、组卷、著录、编目、数据录入、档案扫描、档案保管、档案划控等基础工作，利用数据库技术，建立起大规模、高质量的档案信息资源总库，为档案信息系统运行提供优质的信息资源。

3.要确保规划实施的各项投入

切实按照规划要求落实软硬件网络平台、应用系统、数据资源、人才队伍、保障体系等各项建设任务。对建设项目的完成情况和实用效果进行科学的评估，并将评估结果列入档案信息化建设单位业绩考核指标中。资金投入要避免重硬件投入、轻软件投入，重技术性投入、轻管理性投入，重一次性投入、轻持续性投入的倾向，使资金投入在发展阶段、发展要素、发展层次上有合理的结构比例。

（四）科研教育跟进

鉴于档案信息化具有知识密集和技术密集的特点，档案科研和教育已成为档案信息化的两个重要支柱。为了更好地发挥科研工作对档案信息化的引领作用,要加强对档案信息化项目的选题指导、立项审查、实施跟踪和结题评审等环节的全过程管理。对不可行的项目在立项阶段就予以否定,对科研项目的结题评审要严格把关,对重点科研项目要组织各方力量联合攻关,特别要加强档案局(馆)、高校档案学专业和信息技术开发公司之间的联合,从档案专业和计算机技术的紧密结合上提高科研成果的质量。要加大档案信息化科研成果的推广力度,充分发挥理论成果对实践的指导和引领作用。要采取有效的行政手段和考核措施,大力推广集成化、通用化的数字档案室和数字档案馆应用系统,彻底改变过去各自为政、重复建设、自成体系、难以互联的粗放型发展模式。

第二节 信息技术保障体系建设

一、新一轮信息技术发展的"四化"

当今时代,在社会需求的驱动下,信息技术的发展态势精彩纷呈,归纳起来有以下"四化"。

(一)移动化

笔记本电脑、智能手机、移动电视、平板电脑,以及各种电子阅读器的迅速普及,加上各种无线、宽带互联网技术的迅猛发展,使包括多媒体在内的各种信息的处理、传播具有更强的移动性、便捷性、普及性。人们对信息的获取和使用已经全面进入了移动化时代。

(二)融合化

主流网络和先进终端设备的融合,加上4G、5G移动通信和WiFi无线宽带技术的普及,以及包括多媒体、高清、数码压缩、流媒体播放等影像技术的飞速发展,使人们可以利用碎片时间上网工作、学习、交友、娱乐,从而使网络使用更加人性化、私密化、娱乐化、交互化、移动化,各种信息跨越时空、深入社会各领域改变人类的生活方式。目前,新兴的信息技术,包括云计算、大数据、物联网等都是融合技术,"互联网+"代表了融合的发展趋势。档案信息化要密切关注和应用新型信息技术的融合优势。

(三)虚拟化

虚拟技术是利用计算机模拟某种时空环境,使人们在虚拟环境中感受真实环境,从而省却了置身真实环境所需的资金投入,如虚拟终端技术可将某应用软件推送到低配置的终端机上,终端机只需要浏览器,不用下载和安装软件即可享用千姿百态的网络资源。目前,虚拟终端、虚拟服务器、虚拟存储、虚拟桌面等技术迅猛发展,随着云技术的普及应用,虚拟技术与商业运作模式结合起来,必将迅速拓展到社会生活的各个方面。在档案信息化中,虚拟档案馆、虚拟档案室的应用将使数字档案馆、数字档案室建设向更加专业化、规模化、集成化和高效化的方向发展,使未来档案信息系统以更低的成本和风险、更高的质量和效率运作。

(四)依存化

未来信息技术的应用都不是异军突起、孤军作战,各种新技术必将更紧密地相互依存、集成,优势互补,浑然天成,如云技术就融合了网格技术、虚拟技术、分布技术、资源均衡技术等。同时,新技术的应用将更加依赖运行的环境体系,如云技术应用就需要依靠法治化、规范化的商业运作模式。因此,对各种信息技术的综合化、集成化应用,以及在新技术应用中各种保障措施的及时配套跟进,将考验档案行业驾驭信息技术的能力和智慧。

二、云计算技术在档案信息化中的应用

云计算是当前信息技术领域的热门话题之一,正受到社会各界的高度关注,并将为档案信息化带来一系列新的机遇和挑战。

(一)云计算的概念及特征

云计算是一种基于互联网的计算方式。这种方式利用分布式计算和虚拟资源管理等技术,通过网络统一组织和灵活调用,将分散的信息资源集中起来形成共享的资源池,并以动态按需和可度量的方式向使用各种终端形式的用户提供服务。在云计算环境中,应用软件直接安装到了“云”端的服务器中,而不是用户终端上,用户仅需要通过Web浏览器登录到“云”端的管理平台就可以使用软件并得到所需的服务。“云”是对计算服务模式和技术实现的形象比喻。“云”由大量基础单元——云元组成,各个云元之间由网络连接,汇聚成为庞大的资源池。

按照云计算服务提供的资源所在的层次不同，可以分为IaaS（基础设施即服务）、PaaS（平台即服务）和SaaS（软件即服务）3种服务方式，根据服务对象的不同，则可以分为面向机构内部的私有云、面向公众的公有云以及二者相结合的混合云等。

（二）云计算用于档案信息化建设的优势

采用云计算技术能够为档案信息化建设带来诸多益处。

1.实现档案信息资源共享

通过云计算，档案部门可避免因档案管理系统软件的多头开发所造成的信息资源孤岛现象，可在不同地域档案部门之间共同构筑档案信息资源共享池，实现电子档案资源的高度集中统一管理和广泛共享。

2.节省投资成本及运维费用

众多档案部门不再需要构建自成体系的软、硬件平台，而可以用极低的成本投入获得极高的运算能力，大幅度降低运维费用并提高运维效率。

3.提高信息系统的安全性

以往档案馆中的数据都集中在本馆的服务器上，一旦服务器出现故障，档案馆就无法为用户提供正常的服务，甚至导致数据的丢失，而采用云计算就会存在大量服务器，即使某台服务器出现故障，其他服务器也可以在极短的时间内将故障服务器中的数据拷贝到其他服务器上，并启动新服务器，继续提供无间断式的服务。

4.解决人才短缺问题

云计算的档案信息系统维护都由云端技术人员负责，与目前各档案部门配备专门的信息技术人员的做法相比，既专业又节约人力成本。

（三）云计算对档案信息化的保障

目前，档案信息化面临资源整合难、数据集中难、系统运维难、资金投入难、人才引进难等诸多难题。云计算技术的出现将为档案部门走出困境提供新的思路。

1.档案信息化基础设施保障

由于经济水平的差异，不同地区对档案信息化建设的投入也存在较大差别。

经费紧张的地区难以满足基础设施建设的需求，而经济发达地区的基础设施资源存在一些闲置的现象。为此，档案部门可以采用云计算的IaaS方式，整合档案行业的服务器、存储器等设备，通过“云”平台，向各级档案部门提供基础设施服务，这样不仅可以避免设施建设重复投入的浪费，也可以减少技术力量较弱的档案部门的系统运维开支。

2. 档案信息化业务平台保障

档案管理应用系统的研发和运维需要档案部门投入大量的资金和人力，尚且难以确保应用系统的质量。如果采用PaaS方式，各级档案部门可以集中使用资金和优秀的人才，研制和推广通用的档案管理软件，既可避免软件重复研制的资金投入，又可通过通用软件的推广，改变过去因重复建设造成数据异构、平台异构、流程异构以及档案信息资源难以互联共享的弊端。

3. 档案信息化高效利用保障

如何通过档案的社会化服务增强档案的社会利用价值，提高社会的档案意识，是新形势下加强和改进档案工作的重要课题。

依托部署在云端的档案资源管理体系，公众可便捷地获得数字档案资源，并开展不同专题的档案编研，也可以将家庭档案和个人收藏制作成精美的网络展览推入云端共享，还可以利用云端提供的一站式检索功能获得跨专业、跨地区的档案信息。

在国家档案局开展的中国档案云项目中，已建设了以云计算技术为依托、覆盖全国各级综合档案馆、为社会提供统一查询利用开放档案信息的专业化平台，该门户网站被命名为中国记忆。

三、大数据技术在档案信息化中的应用

（一）大数据概念探析

大数据的起源可以追溯到2000年，从那时开始互联网网页以每日约700万个的速度呈爆发式增长。在这样的情况下，用户在互联网上检索准确的信息也变得越来越困难。

大数据从出现至今，一直都是全社会关注的焦点，至今仍无公认的定义。对于大数据，可以从资源、技术、应用3个层次理解，大数据是具有体量大、结构多样、时效强等特征的数据；处理大数据需采用新型计算架构和智能算法等新技术；大数据的应用强调以新的理念应用于辅助决策、发

现新的知识，更强调在线闭环的业务流程优化。大数据不仅“大”，而且“新”，是新资源、新工具和新应用的综合体。

（二）大数据关键技术

从数据在信息系统中的生命周期来看，大数据从数据源经过分析、挖掘到最终获得价值一般需要经过5个主要环节，包括数据准备、数据存储与管理、计算处理、数据分析和知识展现。对于数据准备环节和知识展现环节来说，大数据所带来的变化只体现在量上，而对于数据分析、计算和存储3个环节则有较大影响，需要重构技术架构和算法，而这也将成为当前和未来一段时间内大数据技术创新的焦点。

1.数据准备环节

大数据数量庞大、格式多样，质量也参差不齐，因此在数据准备环节必须对其进行格式的规范化处理，为后续的存储与管理奠定基础。此外，要在尽可能保留原有语义的情况下去粗取精、消除数据噪声。

2.数据存储与管理环节

当前全球数据量以骇人的速度不断增长，数据的海量化和快增长特征是大数据对存储技术提出的首要挑战。

大数据对存储技术提出的另一挑战则是多种数据格式的适应能力。格式多样化是大数据的主要特征之一，因此大数据存储管理系统必须满足对各种非结构化数据进行高效管理的需求，非关系型数据库应运而生。

3.计算处理环节

大数据的计算是数据密集型计算，对计算单元和存储单元间的数据吞吐率要求极高，对性价比和扩展性的要求也非常高，分布式并行计算技术弥补了传统并行计算系统在速度、可扩展性和成本上的不足，适应了大数据计算分析的新需求。

4.数据分析环节

数据分析环节是大数据价值挖掘的关键。目前，大数据分析主要有两条技术路线：其一是凭借经验知识，人工建立数学模型分析数据；其二则是通过建立人工智能系统，使用大量样本数据进行训练，让机器代替人工，获得从数据中提取知识的能力。人工智能和机器学习能够更好地适应当前的大数据环境，具有良好的前景。

5. 知识展现环节

在大数据服务于决策支持场景下，以直观的方式将分析结果呈现给用户是大数据分析的重要环节。如何让分析结果易于理解是主要挑战。但是，在嵌入多业务的闭环大数据应用中，一般是由机器根据算法直接应用分析结果而无须人工干预，这种场景下知识展现环节则不是必需的。

（三）大数据对档案信息化的保障

1. 档案数据高效存储保障

目前，馆藏数字档案量已经从TB级别跃升至PB级别。与此同时，科技进步衍生出的数据呈现出了分布式和异构性特点，需要归档的数字资源繁多，包含结构化、非结构化和半结构化数据。非结构化数据，如文本、图片、各类表格、图像和音视频等，半结构化数据，如E-mail、HTML文档等，都不便于使用关系数据库二维逻辑表来表现。

传统关系型数据库已经无法满足对数量庞大、类型多样的档案资源的组织与管理需求，需要引入大数据管理系统对档案进行分布式存储和快速检索。大数据存储方法有很多种，都具有一些共同的特点，即利用硬件的优势，使用可扩展的、并行的处理技术，采用非关系模型存储处理非结构化和半结构化的数据，并对大数据运用高级分析和可视化技术。

2. 档案数据价值挖掘保障

在档案数字资源中，不同的档案数据中蕴含的价值存在差异，有可能导致用户获取有价值的信息的难度增大。如何从这些资源中提炼、挖掘出有价值的档案信息，并以人们易于接受的方式传递给用户，是目前档案工作者必须解决的问题。

大数据时代带来的新技术为档案工作者提供解决问题的方式。档案工作者可以采用大数据技术，在海量档案数据中发现关联，从不同角度对其进行聚类和分类，以多维度、多层次的方式展现档案数据，将非结构化数据转换为结构化、半结构化数据，从而使用户更准确、更容易获得档案信息。必要时，还可以通过可视化技术，形成图形、图像，直观地展示最终结果。从海量数据中分析潜在的知识决定着大数据时代档案工作的发展水平及方向，这也意味着大数据时代，档案工作的重心将向档案资源的数据分析、数据挖掘方向转移。

3.档案数据高效利用保障

档案工作的目的是提供可利用的档案资源。大数据时代下的档案工作服务讲求时效性和便捷性,基于大数据技术可为实现网络信息服务的智能化、个性化、精品化提供支持工具。依托互联网技术,可全方位地实现档案信息智能检索服务、档案信息决策服务及档案信息跟踪与推送服务。利用这些技术手段,彻底颠覆传统档案分类在档案管理中存在的诸多弊端,将档案事业发展推向又一个全新的高度。

(四)大数据技术应用于档案信息化需注意的问题

1.大数据技术实现问题

大数据技术相比传统技术更为复杂。不同于传统的档案管理技术,档案大数据管理系统通常是一个由很多节点组成的分布式系统,实现起来较为困难。档案管理工作者需要打破专业限制,寻求与专业的、具有相应资质的大数据开发公司合作,将行业的需求和大数据技术结合起来,才能开发出适合档案行业特点的大数据平台。另外,我国纸质档案数字化形成的绝大多数都是文字图像,不便于大数据技术的处理,应当将文字图像通过OCR识别,生成文本文件,并尽可能提高识别的准确率,为档案大数据处理创造条件。

2.信息安全问题

档案是不可再生的社会核心信息资源。有时人为的操作失误、系统技术故障、计算机病毒、黑客攻击、间谍窃取等原因都会对档案数据造成破坏,给机构甚至国家带来巨大损失。因此,在实施大数据技术时,要重点加强信息安全保障体系建设,采取各种安全技术措施,保证档案数据的完整与安全。

3.保密问题

大数据时代下,档案信息主要通过网络进行传输,容易被复制和扩散,导致档案信息资源在开发和利用的过程中可能出现信息泄漏、隐私权被侵犯、知识产权纠纷等隐患。对于国防、军事、科技等领域来说,档案涉密层次高,一旦泄密将直接危及国家安全。如何实现涉密档案信息资源的合理利用,既充分发挥涉密档案的价值,又保证涉密档案的安全,是大数据时代档案管理面临的重大挑战。

大数据时代的来临,相比其他信息技术更加契合档案信息化建设工作的需要,尤其是在当前的知识经济时代,将档案信息转化为知识资源,会成为新形势下档案工作的必然发展方向。

第三节 信息安全保障系统建设

一、档案信息化建设管理安全法律法规体系

首先,需要建立档案信息安全法律法规体系,做到有法可依。该法律法规分布于档案专业的内部和外部,内部有涉及安全问题的档案法律法规,外部有涵盖档案管理的信息安全法律法规。

(一)涉及安全问题的档案法律法规

《中华人民共和国档案法》(以下简称《档案法》)是我国档案法律法规的基石,在《档案法》及其实施办法的基础上,近年来我国档案界陆续制定出一些关于或涉及档案信息安全的规章、标准和规范性文件,如国家档案局2002年颁布的《全国档案信息化建设实施纲要》和GB/T 18894—2016《电子文件归档与电子档案管理规范》中均有针对档案信息安全的具体规定,2013年组织制定了《档案信息系统安全等级保护定级工作指南》(档办发〔2013〕5号)以落实国家信息安全等级保护制度。很多地方和单位也颁发了档案信息安全保管方面的规章制度,如上海市档案局颁发的《上海市档案条例》《上海市档案信息化建设实施意见》中均有关于确保档案安全的条款。

(二)档案管理的信息安全法律法规

我国档案信息化建设尚处于发展初期,专门针对档案信息安全制订的法律法规较少,档案信息安全法律法规体系的主要内容仍由涵盖或涉及档案信息安全的信息安全法规构成。这些综合性的信息安全法律法规为档案信息安全提供了基本的法律规范,也应列入档案信息安全法律法规知晓和执行的范畴,同时对制定和完善档案信息化的专门法律法规具有依据和参考价值。

20世纪90年代初,我国开始重视信息安全的法律法规建设。1997年

3月修订的《中华人民共和国刑法》(以下简称《刑法》)中开始加入了信息安全方面的内容。《刑法》第二百八十五条规定:"违反国家规定,侵入国家事务、国防建设、尖端科学技术领域的计算机信息系统的,处三年以下有期徒刑或者拘役。"第二百八十六条规定:"违反国家规定,对计算机信息系统功能进行删除、修改、增加、干扰,造成计算机信息系统不能正常进行,后果严重的,处五年以下有期徒刑或者拘役;后果特别严重的,处五年以上有期徒刑。违反国家规定,对计算机信息系统中存储、处理或者传输的数据和应用程序进行删除、修改、增加的操作,后果严重的,依照前款的规定处罚。故意制作、传播计算机病毒等破坏性程序,影响计算机系统正常运行,后果严重的,依照第一款的规定处罚。"第二百八十七条规定:"利用计算机实施金融诈骗、盗窃、贪污、挪用公款、窃取国家秘密或者其他犯罪的,依照本法有关规定定罪处罚。"2009年通过的《中华人民共和国刑法修正案(七)》中对于惩治网络黑客的违法犯罪行为也增加了相关条款,第二百八十五条规定:"违反国家规定,侵入前款规定以外的计算机信息系统或者采用其他技术手段,获取该计算机信息系统中存储、处理或者传输的数据,或者对该计算机信息系统实施非法控制,情节严重的,处三年以下有期徒刑或者拘役,并处或者单处罚金;情节特别严重的,处三年以上七年以下有期徒刑,并处罚金。提供专门用于侵入、非法控制计算机信息系统的程序、工具,或者明知他人实施侵入、非法控制计算机信息系统的违法犯罪行为而为其提供程序、工具,情节严重的,依照前款的规定处罚。"这些条文从惩戒计算机犯罪的角度来保障网络系统的安全。作为国家最重要的法律之一,《刑法》对计算机犯罪具有相当的威慑力。

在行政法规与规章方面,国务院、各级地方政府陆续制定了一系列信息安全规范。其中,由国务院直接颁发的、具有指导性质的行政法规是《中华人民共和国计算机信息系统安全保护条例》《中华人民共和国计算机信息网络国际联网管理暂行规定》《信息网络传播权保护条例》。中华人民共和国工业和信息化部按照国务院要求进一步制定了《中华人民共和国计算机信息网络国际联网管理暂行规定实施办法》《通信网络安全防护管理办法》等。

中华人民共和国公安部(以下简称公安部)从网络系统安全保护和安全监控出发制定了《公安部关于对与国际联网的计算机信息系统进行备案

工作的通知》《计算机信息系统安全专用产品分类原则》《计算机信息系统安全专用产品检测和销售许可证管理办法》《计算机信息网络国际联网安全保护管理办法》《计算机病毒防治管理办法》《互联网安全保护技术措施规定》等文件。2007年公安部与中华人民共和国国家保密局(以下简称国家保密局)、国家商用密码管理办公室、国务院信息化工作办公室共同制定了《信息安全等级保护管理办法》。国家保密局则从网上信息安全保密责任出发制定了《计算机信息系统保密管理暂行规定》《计算机信息系统国际联网保密管理规定》。

归纳起来,国家和地方各级政府制定的有关信息安全的法规制度,主要是从机房建设的安全保护规范、通信设备进网认证制度、国际接口专线制度、国际联网经营许可证制度和接入登记制度、联网备案制度、安全等级制度、安全产品销售许可证制度、保护信息安全规章、网络利用限制和安全责任制、计算机病毒防治制度、安全报告制度、安全违规犯法惩治制度等方面对信息安全进行规范。国内许多行业还根据自身的实际情况制定了本行业的信息安全保护规章制度。

在上述安全法规的基础上,档案界加强了对档案信息安全的行政执法力度,认真查处档案信息安全隐患和档案违法案件。随着信息技术的不断发展,档案工作者应不断进行档案信息化安全管理的研究以及跟踪最新的安全技术,对档案信息化安全管理工作的效果进行及时的分析和评估,不断完善安全防范体系。在保障档案信息安全的过程中,逐渐健全档案信息安全管理制度,提高管理人员的安全意识以及管理水平,充分发挥档案工作人员、技术人员以及用户的积极作用,为推动我国档案信息化安全保障工作贡献力量。

二、档案信息化安全管理体系

档案信息安全是基于技术的管理工程。从管理层面上讲,就是要确保档案信息的安全,必须在风险分析的基础上确立档案信息安全的策略、方针和目标,成立相应的管理机构,确立合理的管理机制,制定安全管理计划,分解安全管理职责,执行安全管理制度和管理标准,建立并实施完善的档案信息安全体系。因此,风险识别与风险评估是档案信息安全管理的基础,风险控制则是安全管理的最终目的。

(一)档案信息安全系统管理模式

随着新风险的不断出现,档案信息系统的安全需求也会不断变化,因此安全管理应是动态的、不断改进的、持续发展的过程。档案信息安全管理模型可选择PDCA模式,即计划(Plan)、执行(Do)、检查(Check)和行动(Action)的持续改进模式。采用PDCA管理模式,每一次的安全管理活动循环都是在已有的安全管理策略指导下进行的,每次循环都会通过检查环节发现新的问题并采取行动予以改进,从而形成安全管理策略和活动的螺旋式提升。

把PDCA管理模式与安全要求、风险分析有机地结合在一起,考虑了信息安全中的非技术因素,同时加强了信息安全管理,具有广泛的适用性。

(二)档案信息安全系统管理的具体实施

在档案信息安全管理模式中,档案信息安全管理中心是整个系统的核心,每一个环节都要定期地与档案信息安全管理中心进行安全信息交流,当档案信息安全管理中心认为有必要对其安全目标进行修改时,要及时向上级领导汇报,等待最终的定夺。

1.完善组织机构

有条件的档案部门可以成立档案信息安全管理中心,负责实施和监控整个档案信息安全管理活动。安全管理中的每一个环节都必须与安全管理中心进行信息交流,安全管理中心还具备评价数字档案信息安全管理体系运作情况的功能,可以对安全方针、安全制度和安全措施的实施结果进行调查,并分析这些安全举措对档案信息安全的影响,然后提出相应的改进方案。数字档案信息安全管理中心由部门领导、信息管理专家、信息技术专家和技术雄厚、人员稳定的开发队伍以及有关的工作人员组成。

2.进行风险评估

根据最新的研究数据,在全部的计算机安全事件中,约有60%是人为因素造成的,属于管理方面的失误比重高达70%以上,在这些安全问题中95%是可以通过科学的风险评估来避免的。

因此,档案部门必须清楚档案信息系统现有以及潜在的风险,充分评估风险可能带来的威胁和影响,这是档案信息化建设必须首先解决的问题,也是制定信息安全策略的基础与依据。进行风险评估,不只在明确风险,更重要的是为数字档案信息安全管理提供基础和依据。

风险评估是一项费时、需要人力支持和相关专业或业务知识支持的工作。风险评估应遵循以下原则:安全、风险和成本均衡分析原则,即用最小的成本达到适度安全的需求;整体性原则,运用系统工程的原理进行网络信息安全的整体解决方案设计,以达到完整性的要求;可用性和易操作性原则,信息安全系统对于操作者应该是可用的,操作应该是简单易行的;适应性和灵活性原则,安全策略必须随着网络性能和安全需求的变化而变化,适应性强,易修改。

3.制定安全策略

制定档案信息的安全策略,要在完善配套、科学合理的有关数字档案信息安全的法制和标准体系下,通过有效的信息安全技术和安全管理遏制来自外部和内部的攻击,增强安全防护能力和隐患发现能力,确保数字档案信息资源内容和信息载体的安全,达到所需的安全级别,具体安全策略可分为内部建设安全策略和网间互联安全策略等,循序渐进逐步加以完善,最终形成功能强大的数字档案信息安全管理体系。

制定安全策略时不能脱离实际,过于理论化或限制性太强的安全策略可能导致工作人员的漠视。因此,在制定安全策略时必须遵循以下原则:越符合现状越容易推行、越简单越容易操作、改动越小越容易被接受。档案信息安全策略需要根据信息技术发展、自身的安全需求进行不断的修改和更新,以保证档案信息安全不受新的信息安全风险的影响。

4.开展数字档案信息安全管理培训

开展数字档案信息安全培训是档案信息安全管理体系的重要环节之一,特别是处于关键岗位的人员,对档案信息的安全起到了重要作用。在实际工作中,大部分档案信息安全问题都是由人为因素造成的。人本身就是一个复杂的信息处理系统,还会受到自身生理因素和心理因素的影响,受到技术熟练程度、责任心和道德品质等多方面的影响。因此,对于档案部门工作人员的培训不应是一次性的活动,需要定期对其进行安全策略及安全技术的应知、应会培训,尤其是安全策略更改或面临新的安全风险、部署新的安全解决方案之后,更要对其加强培训,以保证安全策略的有效程度。

5.贯彻执行管理决策

管理决策的贯彻执行必须依靠人来完成,虽然档案信息安全保障体系的建设涉及档案部门各个方面的因素,但归根结底的因素是人。没有机构人员的认可、理解与支持,就没有实施数字档案信息安全管理保障体系的前提;没有档案部门的有力组织协调,则很难保证信息系统建设的顺利进行;没有相关实施人员的互相配合和出色工作,就无法使信息系统中各模块的信息无缝集成;没有具体业务人员及时准确地收集各种基础信息,就没有信息系统的输出;没有资深咨询顾问的正确指导,信息系统实施就难免多走弯路,甚至有可能失败。

6.持续完善管理体系

首先,确定待评价系统的边界和范围,明确评价的目的,以系统整体为立足点,总体分析各方面的效益与成本,及其与系统各构成部分的关系;其次,确定待评价系统的状态与所处的阶段,如可行性分析、总体设计、系统开发与运行等各阶段;再次,选择适当的评价方法,如结果观察法、类比—对比法、专家评价法或评分法等,确定适当的评价指标;最后,收集有关数据、资料进行分析、计算,得出评价结果,并将评价结果书面化。根据评价结果进行不断的完善,提高档案信息安全管理体系及具体实施过程的有效性和效率,以满足自身用户和其他相关方日益增长和不断变化的需求与期望。

三、档案信息化建设管理安全技术体系

目前,档案信息安全在技术方面主要采用信息加密技术、信息确认技术、访问控制技术、病毒防治技术、审计技术、防写技术等。

(一)信息加密技术

加密是保障信息安全最基本、最经济的技术措施,也是大多数信息防护措施的技术基础。加密的作用是防止敏感的或有密级限制的信息在传输过程中泄密。文件加密所采取的加密算法形形色色。据不完全统计,目前已经公开发表的加密算法多达数百种。电子文件加密的基本过程是存储或传输前将原先借助相应的软件可以识读的数码序列(称为明文)通过数学变换(加密运算)变成无法识读的乱码(称为密文或密码),利用时再通过数学变换(解密运算)将乱码还原成可以识读的数码序列。其中,加

密运算和解密运算都是在一组密钥控制下进行的,密钥是控制加密算法和解密算法的关键数据。

密钥对非授权者是保密的,因此可防止非法用户破解密钥而窃取文件内容。根据文件加密和解密时所使用的密钥是否相同,加密算法可以分为对称加密解密法和非对称加密解密法两种。在对称加密解密法中,加密密钥和解密密钥是相同的,或者知道其中一个密码就可以方便地推算出另外一个密码,因此密钥必须绝对保密。问题是,在发送加密文件之前首先通过安全渠道将密钥分发到双方手中,其传递中很容易造成密钥泄漏。而且,如果某涉密文件分发的单位多,密钥的安全控制会有很大的难度。这种方法在对涉密文件进行静态管理时比较有效,如自己撰写的保密文件给自己使用,防止被人偷看。目前,Word、Excel文件的加密就是采用对称加密解密法。然而,如果涉密文件需要传输,特别是要在大范围传播时,就需要用下面的方法。非对称(又称双钥)加密解密法中,加密方和解密方使用的密钥是不相同的,密件经办人需预先准备两把钥匙,一把公钥,一把私钥。当发送密文时,发送者使用收文者的公钥,将文件加密后发给收文者,收文者收到密文后,用自己的私钥解密文件。由于只有拥有该私钥的收文者才能解密这份文件,所以文件的传递过程是安全的。

(二)信息确认技术

对于纸质文件,以往用书面签署或签印的形式将责任者名或责任者特征(指纹)固化到文件载体上,借助纸质文件载体与内容的不可分离性来证明文件内容的原始性和真实性,使文件具备法律效用。这种方法显然不适于不具有恒定载体的电子文件。对于虚拟流动的电子文件,信息确认技术起到了相当于签署纸质文件的作用。

信息确认技术是通过一定的技术手段防止文件的内容被非法伪造、篡改和假冒,同时用来确认文件的发出、接收过程及利用者身份和权限的合法性。完善的信息确认方案应能实现以下4个目标:第一,合法的文件接收者能够验证其收到的档案文件是否真实;第二,发文者无法抵赖自己发出了所发的文件;第三,合法发文者以外的人无法伪造文件;第四,发生争执时,具有仲裁的依据。实现上述目标需要综合采用多种技术手段,目前常用的有数字摘要技术、数字签名技术和数字水印技术。

1.数字摘要技术

文件的发送者采用某种特定算法(摘要函数算法)对发文进行运算,获得相应的摘要(验证码)。摘要的性质:如果改变发送文件的内容,即便只是其中一个比特,获得的摘要将发生不可预测的改变。摘要将作为发送文件的一部分附加在文件后一起发出,接收者则利用双方事先约定好的摘要算法对收到的文件做同样运算,并比较运算所得的摘要与随文件发送来的摘要是否一致,以此鉴定收到的文件是否在发送过程中受到篡改。如果摘要函数(相当于前面的密钥)仅为收发文件的双方所知,通过上述报文认证即可达到信息确认的4个目标。这种方法的缺点是因收发文双方使用相同的摘要函数,因而摘要函数本身的安全保密性是一个很大的问题,多次使用的摘要函数一旦被第三者窃取,报文认证便不再安全。

2.数字签名技术

随着《中华人民共和国电子签名法》的生效,数字签名在法律与技术上走向成熟。数字签名是指数据电文中以电子形式所含、所附用于识别签名人身份并表明签名人认可其中内容的数据,而数据电文是指以电子、光学、磁或者类似手段生成、发送、接收或者储存的信息。

从技术上看,数字签名是非对称加密技术的一种,其基本原理类似于上述报文摘要技术。首先,签名者使用签名软件对拟发送的数据电文(电子文件)进行散列函数运算,生成报文摘要。然后,由签名软件使用签名者的私钥对摘要进行加密,加密后的报文摘要附着在电子文件之后,连同签名者从认证机构处获得的认证证书(用以证明其签名来源的合法性和可靠性)一同传送给文件接收者。文件接收者在收到上述信息后,首先使用软件用同样的散列函数算法对传来的电子文件进行运算,生成报文摘要,同时使用签名者的公钥对传送而来的报文摘要进行解密,将解密后的报文摘要和接收者运算生成的报文摘要进行比较,如果两个摘要一样,就表明接收者成功核实了数字签名。在核实数字签名的同时,接收者的软件还要验证签名者认证证书的真伪,以确保证书是由可信赖的认证机构颁发的。经核实的数字签名向文件的接收者保证了两点:第一,文件内容未经改动;第二,信息的确来自签名者。签名者所用的数字签名制作工具(公钥、私钥、散列函数、软件等),不是由签名者自行制作的,而是由合法成立的第三方电子认证服务机构在充分验证发文者真实身份后提供的。电子认证服务机构颁发的数字签名制作数据及认证证书相当于网上身份证，帮助收文、发文者识别对方身份和表明自身的身份，具有真实性和防抵赖功能。与物理身份证不同的是认证证书还具有安全、保密、防篡改的特性，可对电子文件信息的传输提供有效的安全保护。

3.数字水印技术

数字水印类似于传统印刷品上的水印，用以鉴别电子文档的真伪。数字水印技术是在传输的文本、图像、音频、视频等电子文件中附加一个几乎抹不掉的印记，无论文件做何种格式变换或处理，其中的水印都不会变化。该印记在通常状态下隐匿不现，除非用特殊技术检测。

一旦这种水印遭到损坏，文件数据也会受到破坏。上述信息确认技术的实质是文件发送者将签署信息（加密运算方法）以不可分离的方式与文件内容编织一体，使他人无法在不改变签署信息的前提下改变文件内容，而收文者则通过验证其信息内容中的签署信息来证实文件内容的原始性和发文者的原真性。

（三）访问控制技术

访问控制是信息系统安全防范和保护的主要策略，其任务是杜绝对系统内电子文件信息的非法利用和蓄意破坏。访问控制技术种类繁多且相互交叉，目前主要有以下两类。

1.防火墙

防火墙是设置在被保护文件系统和外部网络之间的一道屏障，以防止发生不可预测的、潜在的、破坏性的侵入，它可通过监测限制跨越防火墙的数据流，尽可能地对外屏蔽系统内部的信息、结构和运行状况，实现内部网络的安全保护。防火墙可分为外部防火墙和内部防火墙，前者在内部网络和外部网络之间建立一个保护层，以防止黑客的侵袭，挡住外来非法信息，并控制敏感信息被泄露；后者将内部网络分隔成多个局域网，以此控制越权访问。防火墙可以是一个路由器、一台主机，也可以是路由器、主机和相关软件的集合。

电子文件系统在选择、使用防火墙时，应对防火墙所采用的技术、种类、安全性能及不足之处有充分认识。第一，认真权衡防火墙的安全性能和通信效率，在文件安全和方便利用两者之间将安全放在第一位。第二，对于中小型的文件管理系统，如果系统内外交换的信息量不是很大，信息重要程度属于一般,可以采用数据包过滤和代理服务型防火墙,而对于大型文件管理系统或对信息安全要求较高的系统,可以考虑采用复合型防火墙。在系统安全和投资费用之间应进行权衡,不可不计代价地追求超出可能风险的安全性。第三,对防火墙进行管理时,除了解防火墙的益处之外,还应了解防火墙自身的局限性与不足。第四,使用防火墙对外隔离时,不能忽视防火墙内部的管理,因为许多攻击来自内部。必要时可设置第二道防火墙,使内部网络服务器对内也被隔离(这样会大大降低系统的效率)。第五,为更好地保护文件管理系统,尽量考虑采用国内自主研发的防火墙产品。第六,防火墙属于信息安全产品,国家规定实行强制认证,在文件管理系统中使用的防火墙必须是经国家认证的产品。

2.身份验证

为防止未经授权的用户操作文件管理系统中的各类资源,通常在用户登录或实施某项操作之前,系统将对其身份进行验证,并根据事先的设定来决定是否允许其执行该项操作。验证过程对用户而言就是要提供其本人是谁的证明。身份验证的方法很多,并且不断发展。但其验证对象有3个:所知信息(口令)、所持实物(智能卡)、所具特征(指纹、视网膜血管图、语音等)。口令是最普通的手段,但可靠性不高,智能化的口令是系统向被验证者提出的一系列随机性问题,以其回答来验证身份。以指纹、视网膜血管图、声波纹进行识别的可靠性较高,但需要使用指纹机等特征采集设备,代价较大。智能卡技术将逐步成为身份验证技术的首选方案。智能卡是密钥的一种媒体,形状如信用卡,由授权用户持有并由该用户赋予其一个口令或密码,该密码与内部网络服务器上注册的密码一致。为提高身份验证的可靠性,可将上述3种手段结合起来使用。

(四)病毒防治技术

即使采用防火墙、身份验证和加密技术,文件系统仍然可能遭到病毒的攻击。防治病毒包括两个方面:一是预防,在系统或载体未染毒之前采取有效措施,防止病毒感染。二是杀毒,在确认系统或载体已染毒后彻底将其清除。防毒是根本,杀毒则是补救措施,目前普 遍使用的是以特征扫描为基础的杀毒软件。

(五)审计技术

审计技术旨在记录电子文件运行处理的全部过程,抑制非法使用系统的行为。采用审计技术的电子文件管理系统将自动记录下系统运行的全部情况,形成系统日志。系统日志类似于飞机上的黑匣子,是系统运行的记录集,内容包括与数据、程序以及和系统资源相关的全部事件的记录,如机器的使用时间、敏感操作、违纪操作等。审计记录为电子文件真实性的认证提供了最基本的证据,借助系统日志,管理员可以分析系统运行的情况、追踪事件过程、排除系统故障、侦察恶意事件、维护系统安全、优化对系统资源的使用。

(六)防写技术

防写技术是保障电子文件内容不被修改所采取的安全技术,其目的是通过技术手段来固定处于静态的电子文件的内容信息。大多数文件管理系统具有将运行其中的文件属性设置为只读状态的功能,在只读状态下,文件内容只能读取,不能更改,除非具有高级权限的用户来更改文件的只读属性。另一个简单的技术手段是将文件内容刻录到CD-R光盘、WORM磁盘等一次性写入存储介质上,这些不可逆式(无法改写已写入的内容)的存储载体有效防止了对静态电子文件内容的改动,保证了电子文件的真实性和完整性。

第四节 人才队伍保障体系建设

一、档案人才队伍的素养要求

(一)创新思想观念

观念虽然无形,但是对提升档案信息化人才的决策能力和执行能力具有决定性的作用,因此需要培育以下7种新思维。

1.开拓思维

树立追求理想、崇尚科技、奋力改革、不断开放、不畏艰险、不甘落后、奋勇拼搏、图存图强的开拓意识,破除守旧、畏难、不作为的落后意识。

2.战略思维

战略是对事业发展全局性、长远性的谋划,战略眼光是大视野,战略目标是大手笔。为此要将档案信息化和社会发展的大趋势，如改革开放、经济繁荣、知识管理、文化传播等紧密联系起来，形成科学的顶层设计，自上而下、积极稳步地组织和推进档案信息化工作，改变过去各自为政、分头重复建设的粗放型发展格局。

3.策略思维

策略是又快又好地实现战略目标的最佳路径。当前针对档案信息化的薄弱环节，应当实行内合外联的策略，即对内实行档案技术和信息资源的整合，以整合的实力提升外联的能力；对外实行与外部信息系统的外联，将优质档案信息资源接收进来再辐射出去，使档案信息系统成为社会信息的集散枢纽。

4.人本思维

档案信息系统要真正做到以用户为中心，即以档案利用者和档案工作者应用度、满意度作为信息系统建设的出发点和归属点。为此，信息系统要尽可能满足用户，特别是社会大众的需求且做到操作简便、界面友好、富有人性。

5.开放思维

网络化是一个开放的平台，只有开放才能充分发挥网络化的优势。因此，档案信息系统要积极致力于与各种社会信息系统互联互通、无缝对接，在互联中获取更多的数字档案资源，在网络化服务中提升档案工作的社会影响力和认可度。

6.忧患思维

电子档案的存储密集性、传播快捷性、技术依赖性和表现虚拟性使其失真、失全、失效、失密的风险日益增大，而且数字化带来的灾难往往具有一瞬间、毁灭性的特点。因此，从事档案信息化建设工作要居安思危、未雨绸缪、警钟长鸣，一手抓技防、一手抓人防，两手都要硬。

7.辩证思维

档案信息化会遇到许多矛盾的对立面和统一体，如资金的投入与产出、数据的存入与取出、配置的集中与分散、信息的共享与保密、文件的有纸与无纸、资源的增量与存量等，都需要我们用联系的方式和发展的眼光去看问题，处理好对立统一的关系，避免非此即彼或顾此失彼的僵化思维方式。

(二)重构知识结构

按照档案信息化的需要,现代档案工作者的知识结构需要做以下补充。

1.信息鉴定知识

信息时代的档案信息在规模上是海量的、在门类上是多维的、在价值上是多元的。档案工作者只有具备电子档案信息内容价值和技术状况的鉴定知识,才能及时、准确地捕捉和收集具有档案价值的信息,并根据其重要程度划定保管期限。

2.科学决策知识

档案信息化迫切需要科学规划。档案工作者只有具备开展调查研究、制定科学战略规划和规划实施方案的能力,才能把握大局、把握方向、登高望远、运筹帷幄,避免信息化走弯路、受损失。

3.宏观管理知识

档案行政管理是档案信息化的直接动力。档案工作者应当具备组织、指挥档案信息化工作的业务能力,有关档案信息化法规、制度、标准、规范的专业知识,以及从档案业务和信息技术的结合上依法行政的执行力。

4.需求分析知识

档案信息系统建设需以用户为中心、需求为导向。为此,档案工作者应能对档案信息的现实用户和潜在用户、当前需求和未来需求、本单位内部需求和社会大众需求,进行全面的、前瞻的分析,并对档案信息系统的信息需求、功能需求和性能需求进行准确的描述和规范的表述。

5.系统开发知识

为了实现档案业务和信息技术的完美结合,档案工作者必须全程、深度参与档案管理信息系统开发。为此,档案工作者需要学一点软件工程的理论和软件开发的技术,学会用信息技术的专业语言与信息技术人员进行沟通,准确表达档案工作者对信息系统建设的需求。

6.系统评价知识

评价是系统维护和改进的前提。档案工作者要具备评价档案信息系统质量的能力,能从档案管理和计算机技术的专业角度,评价档案信息系统的间接效益和直接效益,评价系统管理指标、经济指标和性能指标,并能对系统存在的问题提出改进的意见和建议。

(三)提升操作技术

1.信息输入技术

能够采用传统的键盘输入技术,先进的语音、文字、图像识别输入技术,数据导入、导出转储技术,数码摄影、摄像技术快速、准确地输入文字、图像、声音、视频等信息。

2.信息加工技术

能够采用信息检索工具,从指定的网页、服务器、脱机载体中采集档案信息;按照档案的形式和内容特征进行分类;按照档案的内在联系进行组件、组卷或组盘;采用自动或人工方式对档案进行著录和标引,以及对档案元数据进行采集、封装和管理。

3.信息保护技术

熟悉或掌握数据库管理、数据组织、数据迁移、数据加密、数字签名、脱机存储、网络访问控制、数据容灾以及维护电子档案真实性、完整性、有效性和安全性等技术。

4.信息处理技术

熟悉或掌握文本编辑、图像处理、视频编辑、文件格式转换、数据下载或上传等技术,了解或掌握档案多媒体编研技术,能围绕特定主题,将编研素材编辑制作出档案编研成果。

5.信息查询技术

能够按照用户查档要求,正确选择检索项、关键词、主题词、分类号,并正确组织检索表达式,对在线或离线保存的文本、超文本全文信息进行检索,并对检索结果进行打印、下载、排序、转发等。

6.信息传输技术

信息传输技术包括采用电子邮件、短信、微博、微信等手段接收和传播文本型、图像型、声音型及视频型电子文件等各类档案信息。

(四)优化队伍结构

档案信息化建设的人才队伍至少需要以下4种类型的专业人才,特别需要兼备2种以上特质的跨界复合型人才。

1.研究型人才

档案信息化需要科学的理论指导,没有理论指导的实践是盲目的实践,脱离实践的理论是空洞的理论。研究型人才是理论的探索者和实践的导向者,其主要责任:研究档案信息系统建设的理论;探索电子文件归档管理和电子档案科学保管、远程利用的方法;研究新技术、新方法在档案领域的应用;研究和开发先进的档案信息管理软件;提出电子文件和数字档案管理的标准规范;主持或参与档案信息化科研工作;从理论和实践的结合上指导档案信息化工作的开展;培养档案信息化建设人才。目前,档案信息化研究者主要由档案信息化工作者和高校师生构成,他们有各自的优势,却又在理论或实践方面存在着各自的不足。最好是两方面研究者进行强强联合、优势互补,促进理论和实践的紧密结合和良性互动。

2.管理型人才

档案信息化是复杂的系统工程,需要实行严格的目标管理和精细的过程控制。管理型人才的主要责任:掌握国内外档案信息化建设的现状、经验教训、发展趋势;制定切实可行的档案信息化战略规划和实施方案;制定相关的管理办法和标准;组织、指挥、督促、指导本地区及本单位的档案信息化工作;协调档案信息化建设和其他外部信息系统建设之间的关系;培养和使用档案信息化人才资源;有效筹集和合理使用信息化建设资金等。目前,各机构的档案信息化管理职能多数由档案管理人员担任,他们具有传统档案管理的理论知识和实践经验,但往往缺乏信息化知识和技能,又由于公务繁忙,缺乏接受信息技术继续教育的机会,可能造成档案信息化管理上的缺位或错位。亟待通过各种途径,提高现有档案行政干部的信息化素养。

3.操作型人才

档案信息化涉及的环节多、操作性强,需要一大批既懂档案管理业务,又熟悉计算机操作技能的操作型人才。这类人才的主要责任是应用计算机网络技术,从事档案数据积累、归档、组卷(组件)、分类、编目、扫描、保管、鉴定、检索、数据备份等工作,他们的工作重复、枯燥,容易因疲劳、烦躁而出差错,而他们的工作责任心和操作能力直接关系档案信息资源的安全、质量和价值。对他们的素质要求是具备强烈的信息安全意识、高度的工作责任心和熟练的操作技能。例如,纸质档案扫描要求操作人员熟练掌握规范的操作流程和方法,以及必要的图像处理技术。

4.其他类型人才

(1)法律人才。档案信息化建设,特别是网站建设,可能涉及保密、隐私保护、知识产权、合同管理、网络安全等法律问题,需要具有相关法律知识的人才提供法律支持。

(2)外语人才。外资、中外合资企业的档案信息系统和档案信息资源往往涉及大量的外文,需要外语人才。

(3)数据库管理人才。数据库定义、运行维护、资源配置、权限设置、数据迁移等都需要数据库管理的专业知识,此项工作往往由本单位信息技术人员担任,如果数据库服务器设在档案部门的话,档案部门也需要配备这样的专业人才。

(4)多媒体编研人才。如果本单位需要大量处理多媒体档案编研工作,则需要配备必要的多媒体档案编研人才,以便从事对多媒体档案收集、整理和编辑工作。

值得指出的是,以上人才结构的落实,关键在档案部门的岗位设置。由于各单位受人力资源编制的限制,从实际出发,以上人才岗位的设置,既可以是专职的,也可以是兼职的,如果是兼职的话,不宜兼职过多,以免影响其专业能力的发挥。

二、档案人才队伍建设的策略

(一)预测与规划

人才的引进与培养不可能一蹴而就。特别是从档案队伍中培养信息化人才需要较长的时间。为此,各单位要按照本单位、本行业档案信息化长远规划和可行条件,分析人才总量、结构、分布与需求的差距,对人才需要进行前瞻性预测,对人才引进和培养方式进行决策、制定计划、纳入编制,然后有步骤地引进和培养人才。规划时要综合考虑人才的知识结构、技能结构和类型结构。

(二)组织与管理

1.加强人才队伍建设工作

各机构要真正树立起科技是第一生产力和人才是第一资源的意识,把档案信息化人才队伍建设工作摆上重要议事日程,定期讨论研究,解决人才配备、培养、使用中遇到的难题。

2.加强人才资源的行政管理

人力资源管理人员要注重发现有潜质的人才,将他们安排在适当的岗位，为他们提供施展才华的舞台；要培养人才的创业精神和实践能力，对在信息化建设中做出贡献者给予必要的奖励；要提供必要的工作条件，保障经费，加强对信息化人员的继续教育和岗位培训，提高他们的综合素质、服务意识和档案信息安全意识；要重视对人才理论、人才成长规律和管理规律的研究，学习、借鉴国外人才资源开发的经验。

3.加强督促检查，狠抓落实

定期对档案信息化人才队伍建设情况进行调查研究、督促检查。建立一套符合人才成长规律的工作制度，营造适合人才成长的良好氛围，为建设素质优良、结构合理、队伍稳定、技术精湛、经验丰富并具有敬业精神的档案信息化人才队伍提供各种支持条件。

（三）培养与使用

1.人才培养途径

（1）对现有档案人员的教育与培训。加强档案业务人员培训是解决档案信息化建设所需人才的主要措施，是提高现有档案人员信息化能力和技能的主要途径。在培训内容方面，《全国档案信息化建设实施纲要》提出：加强档案业务人员培训工作，坚持各级档案部门领导干部进修制度，把档案信息化建设相关的计算机应用基础知识、数字化技术知识、网络技术知识、现代管理技术知识等列入指导性教学计划；加强对档案业务人员应用新技术、新设备、新方法的培训，普及信息技术知识，提高档案业务人员掌握和运用现代化技术的技能，档案业务人员参加档案信息化等知识培训的时间应多于20课时。

在培训方式方面，要把档案部门自主培训和社会辅助培训结合起来，发挥各方面的优势，增进培训效果。档案部门自主培训的方法包括建立人才培训中心，根据实际需求分期、分批地进行轮训，有条件的单位可以设立研究机构，培养高级信息人才。借助社会协助培养包括利用高校优势，加大档案信息专业培训力度，与国内外教育或信息、技术机构合作建立人才培训中心，选拔有培养前途的档案业务人员到高校深造。

不管采取何种培训方式，首要的一点就是要有科学的规划和必要的投入。有了规划，人才培训机制才能得以建立，培训工作才能坚持始终。投入则是培训工作的资金保证，没有投入，即便有再好的规划，培训工作也难以落实。同时，要把档案信息化建设的实践作为锻炼队伍、培训人才的过程，成为边学习、边实践、不断总结、不断提高档案业务人员信息化建设能力和实际操作技能的过程。

(2)引进人才。档案信息化建设需要的信息技术、信息管理专业人才，很难在短时期内从档案工作者中培养。为了满足急用之需，需要从社会上引进IT人才。引进的人才一定要综合素质高，事业心、责任心强，信息技术能力强，团队协作意识强。为此，在引进人才时要严格审核，特别要考察其解决实际问题的能力，避免盲目引进。对引进的IT人才，要尽快使其掌握档案理论和业务知识。

(3)短期聘用人才。IT人才也分各种层次和专长，他们适用于档案信息化建设的各个阶段和岗位，如系统分析员适用于系统建设的前期阶段。该阶段结束后，就不需要系统分析员了。因此，档案信息化建设中涉及的一些高级技术人才和纯技术型人才，可以用外包、合作或聘用的办法加以解决。档案信息化建设所需要的法律人才、外语人才、多媒体编研人才、数据库管理人才、系统维护人才，也都可以采取这种方式解决。

2.人才培养方式

人才培养的方式应当是多层次的。高等院校是档案信息化专业人才的培养基地，具有较强的师资力量、较高的科研水平和完备的教学设施，是我国档案人才培养的骨干和主体。目前，全国有档案学专业的高等院校35所，设立档案学专业硕士点的高校23所，每年培养档案学专业人才千余名。然而，这些院校现有的教学规模仍不能满足档案信息化人才发展的需要，而且单纯的学历教育难以满足档案信息化实践的需要。因此，必须通过继续教育、岗位培训、专题短训等方式，对具有档案专业背景和信息技术背景的人才，按照“缺什么，补什么”的原则，进行各种专业知识和技能的突击培训，完善人才的知识结构，以解档案部门复合型人才缺乏的燃眉之急。

3.人才的使用

档案信息化建设要想吸引人才、留住人才、调动人才为档案事业奉献的自觉性和主动性，就需要制定相应的人才吸引政策；关注和解决档案信息化人才的切身利益；给人才安排适合的岗位，使其发挥专长；给人才提供继续教育和实现自身价值的机会，真正做到以事业留人、感情留人、适当的待遇留人，真正做到人尽其才、才尽其用。

第六章　档案信息化标准体系建设

档案信息化标准体系建设是指在档案管理过程中,通过制定一系列的标准和规范,将档案管理与信息技术相结合,实现档案信息化管理的目标。

档案信息化标准体系建设可以提高档案管理的效率。传统的档案管理方式主要依靠人工操作,工作效率低下,容易出现错误。而通过信息化手段,可以实现档案的电子化存储、检索和传递,大大提高了档案管理的效率。标准化的档案信息化系统可以实现档案的自动化处理,减少了人工操作的时间和成本,提高了工作效率。档案信息化标准体系建设可以提高档案管理的质量。传统的档案管理方式容易出现档案遗失、损毁等问题,给档案管理带来了很大的风险。而通过信息化手段,可以实现档案的数字化存储和备份,保证档案的安全性和完整性。标准化的档案信息化系统可以实现档案的准确检索和快速传递,避免了档案信息的错误和丢失,提高了档案管理的质量。

档案信息化标准体系建设可以提高档案管理的透明度。传统的档案管理方式容易出现档案信息不透明、难以获取的问题,给档案管理带来了很大的不便。而通过信息化手段,可以实现档案信息的共享和公开,提高了档案管理的透明度。标准化的档案信息化系统可以实现档案信息的在线查询和共享,为用户获取档案信息提供了便利性,提高了档案管理的透明度。档案信息化标准体系建设还可以提高档案管理的安全性。传统的档案管理方式容易出现档案信息泄露、篡改等安全问题,给档案管理带来了很大的风险。而通过信息化手段,可以实现档案信息的加密和权限控制,保证档案的安全性。标准化的档案信息化系统可以实现档案信息的备份和恢复,避免了档案信息的丢失和损坏,提高了档案管理的安全性。档案信息化标准体系建设可以促进档案管理的创新和发展。传统的档案管理方式受限于人工操作和纸质档案的限制,难以满足现代社会对档案管理的需求。而通过信息化手段,可以实现档案管理的创新和发展。标准化的档案信息化系统可以实现档案管理的智能化和自动化,提高了档案管理的水平和效果,促进了档案管理的创新和发展。

第一节　档案信息化标准体系建设现状

一、档案信息化标准体系概述

(一)档案信息化内涵

档案信息化是以网络、计算机、信息技术为手段、以档案资源为对象、以档案工作为依托、以档案管理学最新理论为指导,按照信息社会和国家档案行政管理部门的要求,开展档案的收集、整理、保管、开发、利用。档案信息化的过程,也就是档案管理模式从以面向档案实体保管为重点,向以多种形式的数字化档案管理转变的过程。

作为一项社会系统工程,档案信息化建设必须遵循标准。与传统档案管理相比,档案信息化建设的显著特点是具有极强的相关性,如档案信息的传输、流转、共享必然涉及诸多相关实体及其相互间的关系。电子文件归档管理更使档案系统与办公、生产技术系统的关联度明显提高。因此,档案信息总体建设更加需要讲求技术语言的统一、操作程序的衔接,也更加需要讲求标准化和规范化。因此,档案信息化标准建设无疑将作为档案信息化建设的重要内容,成为其高效、有序进行并最终完成的基础。在《全国档案信息化建设实施纲要》中,档案信息化标准规范建设作为档案信息化建设的6项具体要求之一被提出,凸显标准建设对档案信息化建设的重要意义。

1.档案信息化的根本目的

根本目的是更好地实现档案资源的“藏”和“用”,借助计算机、网络、数据库、应用软件等信息技术,档案可以更广泛、更深入地记录社会,也能够更为广泛、便捷地为社会公众所利用。

2.档案信息化是现代信息技术手段的广泛运用

现代信息技术手段的运用是档案信息化目的得以实现的前提条件,数字档案资源的建设及其网络发布利用，电子档案的收集、存储等都离不开计算机网络及各种软件系统的支持。

3.档案信息化是档案管理方式的根本变革

相对于工业信息化而言，档案信息化所带来的管理方式的变革更具有革命性，因为，档案管理的对象本身就是信息，伴随政府及企业办公自动化的实现，电子文件日渐取代纸质文件，加上档案部门对传统纸质档案的数字化，数字档案成为全新的管理对象。如此，资源的长期保存、资源的利用都将是全新的管理课题，而并非传统档案管理方式的简单修正。

4.档案信息化是档案管理理念的深化和发展

长期以来，档案和档案信息作为社会唯一的原生信息源，其收集和保管为人们理解和重视，但档案的利用却长期停留在备查的层面上，一方面是因为对档案的价值在于利用这一认识的局限性；另一方面是因为受到主动而广泛地提供利用档案信息的手段的限制。而随着计算机和网络技术的飞速发展，随着社会信息化的全面开展，信息技术这一重要手段将不仅应用于档案日常管理工作以提高工作效率，而且将深刻地改变档案管理的理念与方式，开辟档案资源深度开发利用的道路。

5.档案信息化建设是一个长期过程

从语言学的角度讲，信息化并非仅指过程，比如，我们常说实现档案信息化，显然，实现的只能是某一状态和结果，即现代信息技术与档案管理的有机结合达到了一定程度。因此，这里的信息化就是指结果。但现实中，我们还是更多地把信息化看作一种过程。档案信息化的实践表明，要将现代信息技术全面运用于档案管理并使其真正发挥作用并非易事，观念的转变、认识的深入、技术的掌握、人才的培养、资金的投入、基础设施和数字资源的建设等都需要一个循序渐进的过程，而且现代信息技术尚处于飞速发展中，还远未达到成熟状态，因此，档案信息化建设的目标是不断变动提升的，档案信息化建设是一个长期滚动发展的过程。

（二）档案信息化标准概念辨析

标准是对重复性事物和概念所做的统一规定。它以科学技术和实践经验的综合成果为基础，经有关方面协商，由主管机构批准，以特定形式发布，作为共同遵守的准则和依据。档案信息化离不开标准，通过标准来规范档案信息化建设所涉及的管理流程再造、数字资源建设、信息技术应用等，不仅可以提高档案信息化建设的效率，避免重复建设造成浪费，而且可以最大程度地实现档案信息资源的共享，确保档案信息化的目标——档案信息资源更好地“藏”和“用”的实现。《全国档案信息化实施纲要》中明确地把档案信息化标准规范建设列为档案信息化建设的6个方面之一。“档案信息化标准”作为术语也由此被广为使用。

1.与档案数据库标准比较

档案数据库是档案信息资源建设的核心内容，也是档案信息系统的中心，因此，档案数据库建设是档案信息化建设的重要部分之一，档案数据库标准也自然是档案信息化标准所涵盖的一部分，而且是核心的一部分。

2.与数字档案馆标准比较

数字档案馆的含义有广义和狭义之分。广义的数字档案馆是指存储和利用档案信息资源的信息空间，是一个由众多档案资源库群、档案信息资源处理中心、档案用户群构成的数字档案馆群体。狭义的数字档案馆以其中的单个档案馆为概念主体，认为数字档案馆的建设归根到底就是档案馆的信息化。尽管如此，档案信息化标准和数字档案馆标准却并非完全重叠。

显然，数字档案馆的核心是数字档案，数字档案馆建设中不论是传统档案数字化还是档案管理流程的信息化都是围绕数字档案展开的，但就整个档案信息化而言，数字档案资源建设与管理并非其全部内容，由于以纸质档案为代表的传统档案在一个相当长的时期内仍将与数字档案并存，因此，运用信息技术手段对传统档案进行更为有效的管理，也是档案信息化的重要内容，包括传统档案的目录数据库建设、业务流程信息化建设、存储环境智能化建设等。因此，数字档案馆标准与档案信息化标准有相当部分的重叠，但并非完全一致。

（三）档案信息化标准体系

1.概念

体系是由若干相互联系、相互制约的事物构成的一个整体，用于规范档案信息化过程及结果的若干标准及其相关文件自然应以档案信息化为中心，构成一个有机联系的整体，即档案信息化标准体系。档案信息化作为一项系统工程，其复杂性决定了其标准的复杂多样性，如何遵循特定框架，尽量使标准能恰当地覆盖档案信息化的必要方面，实现不重复、不遗漏，有轻重、有层次，是档案信息化标准建设必须先要解决的问题。

2.特点

（1）目标性。标准体系是标准的逻辑，是为使标准化对象具备一定的功能和特征而进行的组合，从这个层面上讲，体系内各个标准及标准相关文件都是为了一个共同的功能目标服务的，只是在不同方面进行规范约束而已。档案信息化标准体系的构建就是为了使档案信息化能更好地实现档案的“藏”与“用”。

（2）系统性。标准体系本身就是一个标准系统，而绝不是标准的简单堆积，它需要反映标准之间的联系。通过该体系能够使复杂的标准化对象系统具备协调统一的秩序，从而体现出强大的整体功能，而这仅靠简单的标准集合是无法实现的。因此，标准体系是由一整套相互联系、相互制约的标准和标准相关文件组合而成的系统，其整体功能的实现是由体系内部各标准子系统及标准相关文件子系统共同形成的，而非各子系统功能的简单叠加。

3.结构

档案信息化标准体系内部标准应按一定的结构进行逻辑组合，而不是杂乱无序地堆积。由于标准化对象的复杂性，体系内不同的标准子系统的逻辑结构可能体现出不同的表现形式，主要有以下3种。

（1）层次结构是表达标准化对象内部上级与下级、共性与个性等关系的良好表达形式。层次结构类似树结构，父节点层次所在的标准相较子节点所在层次的标准更能够反映标准化对象的抽象性与共性；反之，子节点所在层次的标准能更多地反映事物的具体性和个性。层级的多少体现了对标准化对象的管理精度。标准层次结构的完备性，标志着体系的灵活与弹性，是标准体系适应现实多样性的一个重要方面。

（2）线性结构又叫程序结构，是指各标准按过程的内码联系和顺序关系进行结合的形式。该结构主要体现了标准化对象在活动流程中的时间性。比如电子文件归档，就是由收集、整理、鉴定、归档等若干阶段前后相继组成的，前一阶段标准的实施是后一阶段标准得以实施的前提，各阶段标准的相继实施才能确保归档电子文件的真实、完整、有效。

（3）层次结构与线性结构各有优缺点，故在实践中，多数标准体系通常是层次结构与线性结构的结合，称之为综合结构。

二、我国档案信息化标准体系现状

(一)现有标准状况

1.关于档案机读目录格式的标准

档案行业信息化始于对传统档案的库存管理自动化,以提高管理效率和利用效益,如同图书馆业务自动化离不开书目数据库建设一样,档案行业自动化也离不开档案目录数据库建设。档案目录数据库建设是档案信息化的起点,至今也仍是档案信息化的重点之一。然而,要实现档案目录信息资源的共享和高效利用,就必须用通用目录格式标准来统领档案目录数据库建设。2006年,GB/T 20163—2006《中国档案机读目录格式》的批准和实施,标志着档案领域有了如同图书领域的CNMARK一样的机读格式标准,从而为档案目录信息资源的共享扫清了障碍。而之前,为便于重要的专题目录数据库的信息资源共享,发布了《明清档案目录中心数据采集标准》。尽管信息技术的飞速发展使得前两者的许多条款已显过时,有待修订,但不可否认,其在我国档案信息化标准建设进程中有着重要意义。

2.关于电子文件管理的标准

随着办公自动化的实现和计算机辅助设计等信息技术手段的运用,电子文件大量产生,将有价值的电子文件、文档,不仅以积累数字形式的档案信息资源以供利用,而且也是档案的使命——客观记录历史社会的必然要求。1996年,国家档案局发布DA/T 15—1995《磁性载体档案管理与保护规范》,该标准将磁性载体文件定义为以磁性材料(计算机磁带、软磁盘、录像带、录音带)为信息载体的文件,显然,磁性载体文件包含了电子文件,另外,该标准的一些具体条款,其中的"磁性载体文件"实际上就是单指以软磁盘为载体的电子文件,因此,可以说,该标准是我国第一个涉及电子文件管理的档案标准,其中体现的双套制、归口管理、目录随文件一起归档等思想为后来的标准所沿袭。1999年颁布的GB/T 17678.1—1999《CAD电子文件光盘存储、归档与档案管理要求第一部分:电子文件归档与档案管理》(以下简称《CAD电子文件管理标准》)是第一个完整意义上的、相对成熟的、关于电子文件管理的标准规范。标准总则中明确提出了对电子文件全过程管理以确保其真实性、原始性的原则,同时,基于电子文件对技术设备环境的强烈依赖性,标准明确提出,CAD电子文件的归档应包括为生成CAD电子文件而开发的软件产品和软件说明,以保证电子档案的完整性和应建立CAD电子文件光盘存储、归档与档案管理系统。可见,该标准对电子文件的特性较前已有更为完整深入的把握。另外,该标准对CAD电子文件的收集、积累、整理、鉴定、归档等方面的具体管理规定都极具可操作性,至今仍有一定的生命力。如果说CAD电子文件管理标准只是适用CAD科技档案的专业标准的话。那么实施的GB/T 18894—2016《电子文件归档与电子档案管理规范》则是第一个具有现代意义的、适用于党政机关的通用电子文件管理标准规范,在我国档案信息化标准建设进程中具有里程碑意义。该标准明确定义了电子文件的背景信息、元数据、真实性、完整性、有效性等重要的概念,并将确保电子文件的真实、完整、有效的总指导思想贯穿标准始终。

在总则中明确提出了全过程管理原则,重要电子文件与纸质文件对应并存、电子签章与非电子签章对应并存的双套制原则及重视电子文件背景信息和元数据的原则。在有关电子文件的流程与环节管理方面,通过规定登记表格式来保证环节间的衔接,保证相关背景信息及元数据收集的完整性。标准中还有一些非常重要的具体规定,如电子文件收集和归档中,文本型、扫描型、声音型及视频和多媒体型电子文件各自的通用格式,电子文件的一式三套保管方式,归档电子文件载体的抽检间隔及抽检率,归档电子文件的载体转存时间间隔等。

3.关于传统档案数字化的标准

将传统的纸质、声像档案数字化,既可以丰富数字信息资源库,应用现代信息技术手段利用传统档案,也可以更好地对易损、易失的传统档案进行抢救性保存。传统档案数字化的许多方面都需标准规范,如档案信息数字存储、压缩格式、数据加密、资源的标识等,特别是纸质档案数字化、照片档案数字化、声像档案数字化等都迫切需要各自的具体操作标准规范来指导。

目前,我国关于传统档案数字化的技术标准有DA/T 31—2005《纸质档案数字化技术标准》及GB/T 20530—2006《文献档案资料数字化工作导则》。DA/T 31—2005《纸质档案数字化技术标准》实质上既是技术标准,又是业务标准。因为在该标准中,既有诸如色彩扫描模式、扫描分辨率、图像存储格式等技术性规定,也有数字化对象选择原则、数字化操作流程及具体操作方式、数字化成果验收方式等业务性规定。也正是由于规定的详尽和全面,使其具有很强的针对性和可操作性。GB/T 20530—2006《文献档案资料数字化工作导则》规定了文献档案资料数字化过程中涉及的标准与一般管理事项,包括:数字化对象的确定原则;数字化工作的一般过程、数字化过程中适用技术的选择、数字化成果的管理、数据利用和检索报道体系、数字化成果的测试指标等,其实施是为了更好地利用我国近年来在数字化领域获取的一些成果并使其规范化,以实现在模拟系统中完成其代价昂贵和无法实现的资源共享的问题,填补国内在数字化领域国家标准编制方面的空白。

(二)标准体系建设状况

1.标准制定机制

合理的标准制定机制是档案信息化标准体系建设得以顺利进行并取得成果的前提条件和重要保障。目前,我国业已形成的、较为完善的档案标准制定机制在档案标准化建设中发挥着重要作用。

第一,与我国的统一领导、分级管理的档案工作原则相适应。我国档案标准化工作是由国家档案局统一领导,具体业务部门是国家档案局政策法规司规范标准化处,各地档案局遵循国家政策与标准,负责地方标准制定的领导与组织工作。由此可见,我国档案标准的制定机制具有国家行政领导的特点,档案行政管理部门的政策、规划会直接影响档案标准化的方向和节奏。

第二,档案标准的制定主体是各级档案馆和档案学术机构。档案标准的制定是为了更好地推进档案管理工作,而当前,从事档案管理工作的主体是各地档案馆和各机构的档案室,而其中,又以档案馆的档案管理工作最为全面、复杂,档案管理的实践也最为丰富,同时档案馆也拥有具备一定理论功底的人才,故档案馆自然成为档案标准制定的主体。档案学术机构主要是知名的大学档案院系,是从事档案理论研究的基地,故也是档案标准制定的主要成员。

第三,档案工作标准化技术委员会(简称档标会)是具体负责档案标准制定工作的权威组织机构。档标会年会除传达国家标准化管理委员会会议精神、通报上届档标会所开展的工作、提出下一步档标会工作要求等内容外,极为重要的便是对申请立项的标准进行审议,并对标准送审稿进行审议。我国档案标准制定的具体流程:国家档案局负责制定有关档案标准化方向的政策,提出标准制定的重点。各地档案馆、科研机构等申请标准项目单位据此提出档案标准立项申请,提交至国家档案局标准化处。申报项目经档标会年会审查,决定是否准予立项并由档标会秘书处将结果通知申报单位。准予立项的项目,承担单位完成标准送审稿并报档标会秘书处,经由档标会年会进行审议或按函审程序发至专家函审,修改并确定征求意见稿,发到各地征求意见。确定终审稿,由国家档案局决定是否试行、批准和实施。另外,申请国家标准应进行相应程序。

2.档案信息化标准体系建设状况

档案信息化是一个随信息技术进步及人们认识的提升而逐步展开的过程,我国档案信息化标准体系建设也有一个认识上从模糊到清晰、实践上从被动到主动、范围上从局部到整体的过程。应该说,早在20世纪90年代,我国档案界就已认识到档案信息化标准建设对档案信息化的重要性,特别是在档案目录信息资源的共享利用和电子文件的文档管理方面,1996年发布的《磁性载体档案管理与保护规范》就是档案信息标准建设早期成果的代表。1996年,国家档案局研究所提出,对《办公自动化对档案工作的影响及电子文件归档管理方法》这一课题进行研究,国家档案局也于同年成立电子文件归档问题领导小组,这标志着中国档案部门对电子文件管理问题有计划、有组织研究的开始,也标志着对档案信息化系统研究的开始。正是这样的系统研究促进了新的、相对成熟的电子文件管理标准的出台。1999年,《CAD电子文件管理标准》的发布,是电子文件管理标准化的重要成果。

2002年11月,国家档案局发布《全国档案信息化建设实施纲要》,这是档案界对档案信息化理论认识深入的体现,也标志着档案信息化建设实践步入快车道。实施纲要中明确提出了完善档案信息化标准体系的任务,指出应集中力量研究制定一批急需的档案信息化标准。优先制定电子文件归档,档案信息采集、整合和安全管理等方面的标准,加快建立、健全档案信息化标准实施机制。纲要附件中还详列了拟制定的14项标准和规章,其中包括现已完成的GB/T 20163—2006《中国档案机读目录格式》和GB/T 18894—2016《电子文件归档与电子档案管理规范》等。此时国家建立完善的档案信息化标准体系的目标已十分明确,对档案信息化标准体系的内容框架也有了一定程度的研究和认识。尽管这种研究和认识还不够系统全面,但却有力推动着档案信息标准体系建设进入全新的时代。

第二节　档案信息化标准体系建设的目标和原则

一、档案信息化标准体系建设目标

(一)目标内涵

档案信息化标准建设应该用明确的目标来指引。如同档案信息化建设一样,由于涉及信息技术、档案管理、法律等诸多领域,也由于信息技术的快速发展变化,档案信息化标准建设也会是一个长期的、动态发展的过程,在相当长的时期内,档案信息化标准的修订不会停止,因此,不能把某一静止状态确定为档案信息化标准建设的目标。但在一定时机条件下,用几年时间,通过对档案信息化标准建设战略、体系框架方面的系统研究,通过完善档案信息化标准建设机制,通过制定实施一定数量的档案信息化核心标准,就会形成这样一个档案信息化标准体系。尽管不完备,但由于其是立足于系统研究与规划,它会是相对合理的,又由于有完善的建设机制,它会随着信息技术等环境因素的变化而动态发展,始终与环境相适应,因此,不妨把我国档案信息化标准建设的目标归结为一定建设机制下动态的、合理的档案信息化标准体系。该目标具体含义如下。

1.完成系统研究与整体规划

纵观成功的信息化标准建设领域,无不注重整体规划与系统研究,以确保标准建设的合理、有序,档案信息化标准建设也应该以发展战略、体系框架、实施指南等为指导,这种发展战略、体系框架和实施指南应该有充实具体的内容而不应是简单和笼统的。

2.形成完善的建设机制

档案信息化标准的广泛联系性和动态发展性要求与之相适应的开放、灵活的建设机制,尽管我国传统的档案标准建设机制已比较完善,但仍不能完全适应档案信息化标准建设的要求。只有进一步形成完善的建设机制,才能立足于系统研究与整体规划,在较短时间内建成相对合理的档案信息化标准体系,才能使其具备动态发展与持续自我改善的能力。

3.制定一定数量的档案信息化标准

少量的标准无法成为体系,只有档案信息化标准达到了一定数量,能够用来规范档案信息化建设的主要方面,才能说是大体形成了档案信息化标准体系。受制于信息技术的发展变化、成熟程度等环境因素,要在较短时间内制定出完备合理的档案信息化标准也是不可能的,但在具备相对成熟的技术与实践环境的条件下,应该制定出以电子文件管理、资源共享、数字化等为核心的系列标准。

(二)目标可行性

对档案信息化标准建设进行全面系统研究与整体规划,进而全面推进,是需要一定的时机条件的。在档案信息化的初始阶段,如20世纪90年代初期和中期,现代信息技术远不够成熟稳定,计算机性能不断得到质的提升,网络技术及其应用更是初露端倪,档案信息化实践方面还是档案管理系统的单机应用,以档案数据库目录建设为主,属于档案库存管理信息化阶段。这种情况下,把握档案信息化的方向尚有困难,就更不用说制定对档案信息化标准建设具有实践意义的整体规划了。然而,今天,在信息技术及档案信息化建设实践经历了近20年的发展后,应该说,全面推进档案信息化标准建设的时机已经到来。

尽管,信息技术、电子政务、电子商务等档案信息化建设的环境仍会发展变化,但这种变化是在具备了一定形态后的变化,因而,具有相对的稳定性。而且,设定的上述档案信息化标准建设目标也并非一个静止不变的标准列表,而是适应一定程度环境变化的、能自我调整的、相对稳定的动态集合。具体来说,这种时机条件的具备体现在以下几个方面。

1.信息技术具备了相对稳定的形态

档案信息化是档案管理与信息技术的有机结合,信息技术也就成为对档案信息化建设影响最大的环境因素,档案信息化标准体系建设的时机考虑中,信息技术的稳定性至关重要。一项标准的出台要经过立项、制定、初审、终审、批准、试行、实施等环节,少则一到两年,多则三五年或更久,而标准的修订一般为标准实施后五年,如果某项信息技术从相对成熟到衰退直至被淘汰的时间只有5年左右或更短,那么可想而知,这种标准的真正价值期又有几何。当前,信息技术发展的脚步不会停息,但信息技术具有相对稳定性，即具备了一定时期内可把握的形态，如在较长时期内，计算机的基本原理无法突破冯·诺依曼机原理，信息内容编码的标准不会改变，XML作为信息组织的有效形式被广泛认可等。因此，尽管无法就档案与信息技术结合的各个方面制定标准，但却可以就信息技术的相对稳定层次制定档案信息化的重要核心标准的大部分，构建虽不完备但却合理的档案信息化标准体系。

2. 相关领域的信息化标准体系

相对稳定或初具形态的档案信息化只是社会信息化大系统的一部分，档案信息化不可避免地要与其他领域的信息化发生关系。电子档案，无论是文书档案、科技档案、工程档案、会计档案，还是其他民间档案，皆来源于档案部门之外的政府部门、企事业单位和社会团体，如果说传统档案管理中，这种领域与领域的界限尚可以用档案交接来确定，那么信息化环境下的电子档案则使这种领域界限异常模糊。为保证电子文件的真实、完整与有效而必须实施的前端控制、全程管理使得档案来源部门的信息化中对作为档案前身的文件的管理会直接影响到档案部门对电子档案的管理。

目前，与档案信息化关系最为密切的电子政务领域的标准体系已相对稳定，电子商务领域标准体系也初具形态，这为档案信息化标准体系的建设提供了有利条件。另外，作为虽不存在直接业务关系但却有最多相似业务的图书情报领域，传统图书管理的信息化早已成熟，数字图书馆标准体系建设也已在系统规范研究的基础上步入快车道，这就为档案信息化标准建设提供了参照。

3. 档案信息化标准建设的国际环境

在信息化、全球化环境下，档案信息化标准建设必须放眼国际环境。档案标准趋同是大趋势，档案信息化国际标准和档案信息化建设先进国家的标准，都应该成为我国档案信息化标准建设采纳或借鉴的对象。只有与国际标准环境相适应，档案信息化标准体系才会有持久生命力。相对稳定的国际标准环境是我国档案信息化标准体系建设的有利条件。进入21世纪以来，国际标准化组织ISO及档案国际组织国际档案理事会、国际文件管理者联合会等相继发布了大量档案信息化标准。许多国家也在此期间加速了档案信息化标准建设，形成了自己的档案信息化标准体系。

总之，当前条件下，在系统研究与规划的基础上，通过完善档案信息化标准建设机制，用一定时间构建合理的、动态、能自我调整的档案信息化标准体系的目标是能够实现的。

二、档案信息化标准体系建设原则

(一)系统性原则

系统性应该是我国档案信息化标准建设的重要原则，其他原则从某种程度上说皆是建立在其基础上的。我国档案信息化标准建设的系统性原则应体现在以下几个方面。

1.研究与规划的系统性

合理的档案信息化标准体系的建设必须建立在系统研究与整体规划的基础上，所谓系统研究与整体规划就是不能仅着眼于档案信息化标准自身，也不能仅仅着眼于眼前，而应该建立在广泛调研的基础上，调研内容应包括但不限于以下几个方面：第一，我国档案信息化的实践；第二，我国档案标准建设历程，包括传统档案标准建设历程、档案信息化标准建设历程以及我国档案信息化标准建设机制；第三，相关领域信息化建设及信息化标准建设的历史、现状及发展方向；第四，国际领域档案信息化标准建设的历史、现状及方向。在此基础上，结合我国信息化及标准化战略制定档案信息化标准建设战略、体系框架、实施指南等，确定档案信息化建设的近期目标、中期目标、长期目标和实施步骤等，以建设国家层面的、合理的档案信息化标准体系。

2.标准体系的系统性

档案信息化标准体系应该是能够尽量不重复、不遗漏地覆盖档案信息化必要方面的各个标准文件内容相互联系与结合的有机体，而不应只是标准文件的堆砌。标准体系的系统性要求各个标准文件在具体内容规定上应保持连续一致性，而不能相互冲突。标准文件间的逻辑关系应该清晰明确，不能模糊不清。

3.与环境的协调适应性

档案信息化只是社会信息化的一部分，档案信息化标准也只能是社会信息化标准的一部分，标准建设的系统性也要求档案信息化标准体系无论从整体还是从部分来说，都应充分考虑与相关领域标准、国际标准等环境因素的协调性、适应性。

(二)开放性原则

档案信息化标准建设涉及档案管理、信息技术、法律法规等多个方面,与电子政务、电子商务、图书情报等领域也存在不同程度的密切联系,而且也无法与国际档案信息化标准建设的大环境相割裂,处在这样一个开放环境中的档案信息化标准建设,必须遵循开放性原则,具体体现在以下几个方面。

1.建设主体的开放性

建设主体不应只局限于档案领域的档案局、档案馆、档案室、档案学术机构,也应该吸纳其他社会领域和其他专业领域的研究力量,重视与信息技术领域、电子政务领域的合作,强调企业、其他社会团体乃至个人的参与。比如,档案标准的征求意见程序只是在国家的档案部门内部进行的,而若同时在网上向社会征求意见也应是可行的。

2.建设机制与建设过程的透明性

无论从档案信息化标准建设开放性原则的内在要求来说,还是从政务信息公开的角度来说,国家层面的档案信息化标准建设机制与建设过程都必须向社会完全公开,保持充分的透明性。不仅如此,从社会信息化中各领域相互关联的角度说,让其他社会领域了解档案信息化标准建设状况、借鉴和利用其研究成果,特别是让相关领域的标准化能更好地与档案领域的建设结合,既是档案领域的责任,也是系统性的本质要求。

建设机制与建设过程的透明性要求明确说明档案信息化标准建设具体领导机构、组织机构和其他相关机构的组成、相互关系及其运作方式,及时发布有关档案信息化标准建设的具体活动和详细进展信息,包括相关政策的酝酿、出台,具体标准的立项、审批、批准、实施及相关研究项目的立项、研究进展等,特别是应及时向社会公开相关研究成果,公开最新制定的标准文件的详细内容,以保持研究的开放性、透明性。从获取信息的便利性角度出发,最好以官方网站或官方网站专题形式建立档案信息化标准建设的权威门户,以全面、及时地发布档案信息化标准建设相关信息。

(三)国际性原则

这是当今信息全球化的客观要求。国际性原则要求档案信息化标准建设必须关注国际档案信息化标准建设的大环境,密切跟踪其发展,充分借鉴其经验,保持与国际先进标准的协调性。具体体现在以下几个方面。

1.应充分吸纳国际标准中的先进内容

如ISO及国际档案理事会制定的档案信息化相关标准,通常综合了各国的先进经验,推荐了国际认可的最优管理方法,反映了国际流行的最佳实践模式,是促进信息化环境下档案管理全球化的有力武器。充分吸纳国际标准中体现的先进经验、方法、模式会有力地促进我国的档案信息化标准建设。

2.具体标准条款应考虑与国际先进标准的协调性

国际标准由领域内、外的研究专家和咨询专家制定且有严格的制定与发布程序,具有较强的操作性、前瞻性和实用性。因此,我国的档案信息化标准制定中,虽不要求其具体内容与国际标准完全相同,但却应充分考虑其协调性。

3.国际标准的本土化在现有档案信息化标准中的应用

通过开展国际标准本土化应用与对策专项研究,制定国际标准本土化应用的认证与测评体系,适时将特定国际标准或其一部分转化为档案信息化的国家或行业标准,不失为标准建设的有效途径。

第三节 档案信息化标准体系的构建

一、相关领域标准体系研究状况

(一)电子政务领域

1.工作概况

电子政务是我国社会信息化中具有影响力与代表性的领域之一,基于统筹规划、系统建设及标准先行的思想,早在2002年,我国即正式成立电子政务标准化总体组,负责我国电子政务标准建设的总体研究与规划工作。到目前为止,该工作组卓有成效地开展了一系列工作,取得了丰硕成果,有力推动了我国的电子政务标准化建设。

2.体系框架

根据我国电子政务标准化总体组主持研究制定的《电子政务标准体系》,电子政务标准体系框架由电子政务总体标准、电子政务应用标准、电子政务应用支撑标准、信息安全标准、网络基础设施标准、电子政务管理标准构成。电子政务总体标准包括电子政务总体性、框架性、基础性的标准和规范。电子政务应用标准包括各种电子政务应用方面的标准，主要有数据元、代码、电子公文格式和流程控制等方面的标准。电子政务应用支撑标准包括为各种电子政务应用提供支撑和服务的标准，主要有信息交换平台、电子公文交换、电子记录管理、日志管理和数据库等方面的标准。信息安全标准包括为电子政务提供安全服务所需的各类标准，主要有安全级别管理、身份鉴定、访问控制管理、加密算法、数字签名和公共基础设施等方面的标准。网络基础设施标准包括为电子政务提供基础通信平台的标准，主要有基础通信平台工程建设、网络互联互通等方面的标准。电子政务管理标准包括为确保电子政务工程建设质量所需的有关标准，主要有电子政务工程验收和信息化工程监理等工程建设管理方面的标准。

3.与档案领域关系

电子政务与档案信息化二者之间存在密切联系。其一，我国各级政府部门档案室和事业性档案馆的档案信息资源的主要来源是政府部门及其下属事业单位，出于维护数字档案真实、完整、有效的考虑，档案信息化建设中，必须将档案管理的前端延伸至作为档案信息资源产生地的政府及其相关部门；其二，各级政府部门档案室和事业性档案馆也是档案信息化的主体，通常情况下，其本身也会被纳入当地电子政务建设的统筹规划范围内；其三，电子政务建设与档案信息化建设皆为社会信息化的组成部分，在应用信息技术进行流程再造方面会有相似之处。由此可见，电子政务建设与档案信息化建设二者的关系，除了都是建立在相同的信息基础上外，还有业务上的交融、交叉。反映到标准体系建设上，档案信息化标准体系建设可以：第一，借鉴电子政务标准体系建设的组织形式；第二，借鉴电子政务标准体系框架研究的方法；第三，与电子政务标准建设互动以确保标准体系的协调兼容。

（二）电子商务领域

1.工作概况

我国电子商务领域也是较早着手标准建设总体规划与系统研究的领域。2003年10月，中华人民共和国商务部启动了电子商务应用标准建设与发展研究项目，积极探索架构中国电子商务的标准体系。同时，中华人民共和国科学技术部、中国标准化研究院、中国标准协会、中国电子商务协会、中国物品编码中心等也积极地参与到电子商务标准化研究与建设工作中。2004年8月,中华人民共和国第十届全国人民代表大会常务委员会第十一次会议通过了我国第一部电子商务法——《中华人民共和国电子签名法》,它是电子商务发展的里程碑,为电子交易提供了法治环境。2005年1月,我国第一个专门指导电子商务发展的政策性文件——《国务院办公厅关于加快电子商务发展的若干意见》颁布,并以政策性文件的形式阐释了国家对我国发展电子商务的若干重要意见,明确提出要建立和完善我国电子商务国家标准体系。为了进一步加强电子商务标准化工作,2007年1月,国家电子商务标准化总体组正式成立,成为我国电子商务国家标准的总体协调和规划机构。随即,国家电子商务标准化总体组秘书处发布了《国家电子商务标准体系(草案)》,该草案建立了国家电子商务标准体系和标准体系明细表。

2.体系框架

我国电子商务的标准体系框架首先是建立在对电子商务业务与技术体系结构分析的基础上的。从应用和相关支撑技术角度看,电子商务总体架构包括“五个层面”和“两个立柱”。“五个层面”从上至下分别为电子商务应用层、电子商务应用平台层、电子商务支付体系层、电子商务安全基础体系层、网络基础设施层。“两个立柱”分别为电子商务法律法规和电子商务在该总体框架的基础上又提出了电子商务标准参考模型,该模型将任意一项电子商务业务交易涉及的标准化工作视作业务操作视图和功能服务视图两大方面。前者侧重在业务交易的业务方面,包括各种业务交易和相关数据交换中的业务数据的语义、语法、交换格式和业务过程。后者侧重在业务交易的信息技术方面,包括支撑各种业务交易和相关数据交换所需的信息基础设施,旨在为电子商务数据交换提供各种所需的信息技术服务,保障电子商务的有效实施,实现互联互通、安全保密。

3.与档案领域关系

类似于电子政务领域,电子商务与档案信息化之间也有着较为密切的关系。一方面,二者都是建立在现代信息技术应用上的,尤其在数据安全与保密方面更为接近;另一方面,企业电子商务活动记录是信息化环境下企业档案管理的对象,因此,企业电子商务建设与企业档案信息化二者之间有交叉关系。就标准体系建设而言，电子商务标准体系建设方面的宗旨、原则、管理体制等均可被档案信息化标准体系建设所借鉴。特别是电子商务标准体系框架研究中所体现的从总体架构到参考模型再到标准体系框架的研究思路，对档案信息化标准体系框架研究很有借鉴意义。

（三）数字图书馆领域

1.工作概况

我国数字图书馆标准规范建设项目于2002年10月启动，由中国科学技术信息研究所、中国科学院文献情报中心和中国国家图书馆联合发起，有近20个单位参与项目的研发和建设，其主要工作是针对数字图书馆系统的数字资源建设与服务，制定我国数字图书馆建设标准规范发展战略与标准规范框架，制定数字图书馆核心标准规范体系，建立数字图书馆标准规范建设开放应用机制，促进我国数字图书馆的可持续发展。到2008年底，我国数字图书馆标准规范建设项目组共完成了164份最终报告，其整个研究过程充分体现了开放性、系统性以及整体规划、分步实施的原则，在取得丰硕研究成果的同时，也开创了标准体系建设机制的典范。

2.体系框架

由于我国数字图书馆标准规范项目旨在制定数字图书馆核心标准规范体系，故其确立的标准规范框架也只是以数字资源建设为核心的框架，而并非涵盖数字图书馆的全部领域。我国数字图书馆标准规范建设项目是基于数字资源生命周期，并参考了信息系统互操作框架结构，按照数字资源的产生与建立、内容对象的描述、数字资源的集合组织、数字资源的利用服务、数字资源系统及其服务的管理、数字资源长期保存的流程，建立了基本的数字图书馆标准规范总体框架。

3.与档案领域的关系

图书、情报与档案是三位一体的关系，其研究和管理的对象均为信息资源。特别是网络环境下，用户信息需求趋向便捷化、多样化，信息服务集成是大势所趋，图书、情报、档案的一体化管理也在研究和探索中。因此，数字图书馆与档案信息化二者在标准建设方面的共同和相似之处就远不止信息技术方面。具体而言，数字图书馆标准规范建设对档案信息化标准体系建设还有以下参照意义。

在数字资源标准框架方面，可以参照数字图书馆标准的框架结构。在数字资源标准内容方面，可以引用、参照和借鉴数字图书馆的标准框架内容描述乃至具体标准内容。数字图书馆标准规范的开放建设机制及其整体研究方法可以借鉴。当然，图书馆领域和档案领域的信息化只是相似而非完全相同，特别是在业务流程和管理体制上。因此，并不能把数字图书馆标准建设的研究成果直接用于指导档案信息化标准建设。档案领域在充分借鉴和吸纳图书情报领域研究成果的同时，还必须依据档案管理的本质要求和业务流程特点来独立构建档案信息化标准体系。

二、档案信息化标准体系的构建

（一）档案信息化标准体系环境分析

档案信息化是社会信息化的一部分，档案信息化处在社会信息化的大环境中，必然会与作为其环境因素的社会信息化其他部分相交互，同样，档案信息化标准建设也是处在社会信息化标准的大环境中，必然会受到电子政务、电子商务、信息技术等其他领域标准化的影响。之所以存在这种关系，主要是因为档案信息化是档案管理与信息技术的结合，而档案管理不仅存在于综合性档案馆内，还存于各行各业内，由于不同行业对档案管理的要求不尽相同，档案管理信息化的行业特色部分也就成为行业信息化的一部分。

（二）档案信息化标准体系的三维框架模型

档案信息化标准建设是一项系统工程，因此，档案信息化标准体系框架的构建也适合运用系统的观点和方法。霍尔在1969年提出了三维结构，互相垂直的3个坐标组成1个方法论空间，分别代表时间、逻辑和知识3项方法论内容。霍尔三维结构是一种方法，可以指导我们进行标准化建设，但不能直接用于构建标准体系框架。根据印度魏尔曼最早提出的标准体系表三维结构思想，结合上述档案信息化特点，并广泛参照国内其他领域现有标准体系框架研究成果，提出以下档案信息化标准体系模型。

1.信息技术维

信息技术涉及范围很广，从数据编码到文件格式，从数据库到应用系统，从网络设施到操作系统，十分庞杂。因此，在信息技术维，不能对信息技术进行简单罗列，而应着眼于其在档案管理中的应用，分成简明的几个层次。《全国档案信息化建设实施纲要》将档案信息化建设分为档案信息化基础设施建设、档案信息资源建设、档案管理应用系统建设、档案信息化标准规范建设、档案信息安全保障体系建设、档案信息化人才队伍建设6个方面，其中档案信息资源建设、档案管理应用系统建设、档案信息化基础设施建设和档案信息安全保障体系建设4个方面与信息技术和标准应用联系密切。由此，根据与档案资源内容结合的紧密程度，可以把信息技术由内向外，分为信息资源、软件应用系统、信息安全、基础设施等。

2.档案管理维

档案管理维的细分就是要根据一定标准，将档案管理分成若干方面。与图书馆领域相比，由于档案资源的重要价值之一的凭证作用以及档案管理机构的可信性，而归根到底，在于其档案管理流程的可信性，因此，档案管理的流程与环节具有更为重要的意义。另外，由于档案管理流程也是基于对作为信息资源的文件的运动规律（文件连续体理论、文件生命周期理论等）的认识，而我国现有档案管理流程是与文件生命周期理论相一致的，故对档案管理的细分，无论是基于信息化环境下的档案管理业务流程，还是基于文件生命周期，从本质上说都是一致的。故档案管理维，总体上适合按档案管理流程进行细分。

显然，这里所指的档案管理是指信息化环境下的档案管理，而非传统的档案管理。基于全程控制的思想，信息化环境下的档案管理不是始自档案交接，而是必须延伸到档案的前身——文件的生成。我国传统档案管理的业务流程包括著录、分类（标引）保管、检索利用、归档、鉴定、销毁等环节，其业务起点是档案接收，这显然已不适应信息化环境下电子文件和电子档案管理的要求。

GB/T 18894—2016《电子文件归档与电子档案管理规范》则基于全程管理的思想，将整体业务流程分为收集和积累、归档、整理、移交、接收、保管等部分。另外，文件管理国际标准ISO15489中所列的文件管理全过程包括确定文件系统需捕获的文件、确定文件保存时间、捕获、登记、分类（数字及编码配置、词汇控制）、存储和保管、利用、跟踪、实施处置、记录文件管理过程等部分。由于ISO15489文件管理标准形成于21世纪初，其中已较为充分地考虑了电子文件管理的要求，故其完全适用于信息化环境下的文件管理。基于此标准所规定的管理流程，结合我国的档案管理实际情况，从档案信息化标准建设的角度出发，可将档案管理维细分。

3.层次领域维

任何领域的标准都有层次之分,档案领域也不例外。信息化环境下,档案标准与其他领域标准存在更多的互操作,领域差异造成的档案管理差异要求,在关注基础标准、通用标准建设的同时,也要更加关注专业标准。基础标准、通用标准和专业标准由内向外构成层次领域维。

在层次领域维,基础标准元素与信息技术维和档案管理维的整体相结合,构成基础标准面。基础标准面作为一个整体沿层次领域维向外辐射,作用于通用标准面和所有的专业标准面。类似基础标准,通用标准也作为层次领域维的一个元素与信息技术维和档案管理维构成一个面。不过,在该面上的具体标准可由信息技术维和档案管理维上的具体元素来确定。通用标准面沿层次领域维向外辐射,作用于所有专业标准面。专业标准在层次领域维上体现为若干呈并列关系的点,每一个点又与信息技术维和档案管理维确立一个专业标准面,若干平行面共同构成档案信息化专业标准的集合。

档案信息化标准的范围是由三维确定的立体空间,但需要特别说明的是,三维模型只是用来协助描述档案信息化标准内容范围的,并不是直接用来确定档案信息化所应制定的具体标准的。尤其是不能认为,三维中各取一点所确立的立体空间的一个具体点就必须对应一个具体标准。实际上,欲制定的具体标准在三维空间中对应的可以是一个点,也可能是一条线段,甚至一个平面区域。另外,实际中不同具体标准在空间上还可能会有交叉,但这种交叉并非模型的致命缺陷,恰恰相反,若交叉不可避免,那么,当交叉情况通过模型得以清晰反映后,就可以尽量保持交叉部分的一致,从而保持档案信息化标准体系的整体协调性。

三维框架模型中,尽管各维度都有逻辑方向,但逻辑方向并不一定代表标准制定的时间顺序。三维中,信息技术维的方向体现了信息技术与档案管理内容结合的紧密程度,信息资源在内层,表明信息资源相关的信息技术,如数字档案信息资源编码、格式、元数据等与档案管理的核心结合紧密,在档案信息化标准体系建设中的地位也较重要。而位于外层的网络、操作系统等相关的基础设施则距离档案管理的核心远,与档案管理的结合较为松散,故其相关标准虽为档案信息化不可或缺,但就档案信息化标准建设而言,此方面主要是现有标准的采用,尤其是核心技术标准和基础标准方面。需要档案领域制定的只是少数近似管理标准的应用层次的标准，主要着眼于设施的适用、够用。

可见，信息技术维的方向在某种程度上表示了标准在体系建设中的地位和优先级，但并不一定与标准制定的时间顺序一致。在档案管理维，维度方向只是代表档案业务的一般流程，不代表档案管理业务的重要程度，更无从体现标准制定的时间顺序。在层次领域维，尽管按从基础到通用再到专业的先后顺序制定标准可以更好地保证标准的协调一致性，但这只能是一种理想状况。现实中，由于基础标准、通用标准要有足够的概括性，需要对各个具体专业领域的个性充分认识把握加以概括，因此，并非所有基础标准和通用标准都能先于专业标准制定出来。

第七章 档案信息化管理的创新

随着信息技术的快速发展和社会进步的不断推动，档案管理也在不断创新和改进。档案信息化管理的创新包括多载体档案统筹管理、文件档案一体化管理、档案资源多元化利用。

多载体档案是指以不同形式和媒介保存的档案，包括纸质档案、电子档案、影像档案等。随着信息技术的发展，电子档案和影像档案的使用越来越广泛，纸质档案逐渐被数字化取代。然而，不同载体的档案管理存在一些问题，如信息安全、数据完整性等。因此，多载体档案的统筹管理变得尤为重要。文件档案一体化管理是指将文件管理和档案管理有机结合起来，实现信息的无缝衔接和共享利用。传统的文件管理和档案管理存在一些问题，如信息流通不畅、重复劳动等。因此，文件档案一体化管理成了一个重要的课题。档案资源是一个国家、一个组织或一个个体的重要财富，它包含了丰富的历史、文化和科技信息。然而，传统的档案利用方式单一，无法充分发挥档案资源的价值。因此，档案资源的多元化利用成了一个重要的课题。

第一节 多载体档案统筹管理

一、档案目录信息统筹管理

无论是电子的还是纸质的档案，无论是手工管理还是采用计算机实行自动化管理，整理、分类和编目始终都是档案工作的重要组成部分。档案目录是各级、各类档案馆提供档案服务利用的基础信息，也是实现档案检索和提供档案利用的重要依据。

馆藏的传统载体档案中，手写档案目录是最常见的方式，而新归档的各类档案会形成各种机读档案目录,或以Excel、Access、Word的形式,或以关系型数据库格式存储的数字形式。为了方便档案利用者,档案馆必须对已有馆藏和以后归档的所有档案的目录信息进行整合,按来源原则或信息分类方式分别进行整理、分类与合并处理,形成能够覆盖各类档案资源的目录信息,并采用档案管理信息系统对档案目录信息实行统一管理,实现目录信息的资源共享和统筹管理。要避免长期以来一些档案馆的做法,即数字化档案采用管理信息系统进行管理,纸质档案采用手工翻本的方式进行检索。在档案馆实施信息化过程中,目录信息的数字化也是很重要的一项任务,不能由于工作量大、过去没有录入就让它继续成为历史遗留问题。

档案目录信息统筹管理的另外一个含义是案卷目录和卷内文件目录的关联管理,即尽可能将卷内文件目录也实行计算机化管理,并与其对应的案卷目录进行关联。当检索到案卷目录时,就可以方便地浏览其卷内文件目录,提高检索的准确度;当检索到卷内文件目录时,也能够很快地定位到它所对应的案卷目录及其所在的库房存址,以方便调卷。

当然,由于档案馆人、财、物等资源的限制,档案信息化工作也是一个循序渐进的过程,不可能做到一蹴而就,因此需要根据业务工作需要的紧迫程度,首先解决重要问题。有些档案馆在信息化实施一开始,注重新接收档案的目录建设和全文管理,而将原有馆藏档案的目录和实物数字化作为二期工程来实施。实力较强的档案馆则将两项工作并行开展,以加快档案数字化处理和信息化利用的效率。无论采取哪种策略和方式,档案信息化最终的效果是将档案馆的档案全部实行信息化统筹管理,既方便档案工作者,又方便档案利用人员,更能为未来档案资源的社会化服务与信息共享奠定坚实基础。

二、档案目录全文一体化管理

档案全文,一方面是指馆藏档案内容的数字化信息,如缩微胶片、照片以及纸质档案数字化形成的静态图像文件,磁带、录像带等经过模数转化后形成的声音、图像等多媒体文件;另一方面是指各机构使用计算机和办公自动化系统等产生的电子文件归档后形成的数字化档案信息。这些全文信息是档案的内容实体,与档案目录信息相比较,档案全文能够提供更详细、更完整、更准确的内容和信息。

数字化信息最大的特点是利用的方便性和检索的快捷性，档案馆花费大量的时间、人力、物力和财力开展馆藏档案数字化和接收电子文件进馆的主要目的是方便利用，对于使用频繁的历史档案而言，也起到保护档案的作用。

实行目录全文一体化管理是信息化管理中比较有效的一种方式，其工作原理是首先在档案目录中进行检索，缩小范围，然后再检索全文，以便准确定位查档目标。通常采取的方式是对档案目录信息采取关系型数据库管理系统实行统一管理，将扫描后的图像文件和新接收的电子文件档案以文档对象或文件形式存储在文件服务器或者内容服务器上，并通过一定的访问规则将档案目录信息与这些文件对象进行关联。在检索到档案目录信息时，就可以浏览和检索全文。如果在信息系统中，还需要按照系统设定的用户对目录和全文的浏览、检索权限进行处理。

目录全文关联归档要求档案工作者要转变传统的工作方法，从档案利用者的需求出发，分析档案被利用的范围和特点，遵循档案管理的原则和标准，对部门形成的数字化档案实行即时归档，即将目录全文关联归档的思想贯穿于电子档案形成的全过程。档案馆的工作人员也要充分利用现代化管理手段，通过网络开展指导、鉴定、归档与管理工作，将工作重点转移到分析档案利用者的需求、开发档案资源的编研与开发、监控电子文件的形成过程，将工作模式从被动接收转变为主动挑选，将真正有价值的、值得保存的电子文件转化为未来社会需要参考和利用的档案资源。

三、档案工作的双轨制

双轨制是指在文件形成处理、归档、保存、利用等过程中，纸质文件和电子文件同时存在，两种载体的文件同步随办公业务流程运转、同步进行归档、同步进入归档后的档案保管过程。

实行双轨制的机构，在文件进入运转程序时就以电子和纸质两种载体并存，业务人员要对同样内容的两类文件进行并行处理。由此看来，双轨制的核心是从文件的产生开始就以两种载体形式记录各项社会活动的信息。这些记录中有保存价值的将作为档案进入归档阶段，将纸质和电子的记录同时移交到档案馆。实行这种从头至尾的彻底双套做法是各行各业信息化应用的初级阶段的做法，特别是在《中华人民共和国电子签名法》发布之前，电子文件的法律效力无法得到认可，电子文件的安全性、真实性和完整性很难得到保障。《中华人民共和国电子签名法》于2005年4月1日正式生效。有了法律的保护，电子签名具有与手写签字或盖章同等的法律效力，电子文件与书面文书一样具有同等法律效力。从此，借助于网络环境、数字签名、身份认证等技术，确保电子文件从产生、审批、流转、会签、归档等各个过程的原始、完整、有效和可读，实现无纸化办公，成为21世纪人们追求高效率和科学化、规范化、自动化管理的现实需求。在这种形势下，是否还需要在文件的运转过程中实行双轨制成为大家关注的焦点和热点问题，也是学者们研究的重点。

就网络、电子环境本身而言，尽管他们存在先天的不安全和淘汰快等缺点，但每一种新的服务器、存储器、数据资源管理系统的出现都会兼容老的版本或者出台新的数据转换或迁移方法，目的是确保原来的电子数据不失效或可读。

彻底的双轨制需要投入很多人力、财力、物力，在电子文件形成过程的管理上也很复杂。因此，很多单位采取了双套归档的做法，一种是将办公自动化系统中属于归档范围的电子文件在归档前，制作纸质拷贝，归档时将二者同时移交到档案馆；另外一种则是对纸质的文件进行数字化扫描和文字识别处理，形成纸质档案的电子拷贝。这样，保存的电子文件可以方便网络化利用，纸质文件则主要用作永久保存，有些单位则采用缩微技术，实现档案的缩微化保存。这些做法不可避免地会增加档案馆接收档案和管理档案的复杂性，提高档案管理和保存的成本，但这依然是21世纪档案工作的主流方式。随着时间的推移，档案馆保存的纸质档案和电子档案的比例将会逐渐发生变化，但纸质档案将会在相当长的一段时间内成为馆藏的主要成分。

第二节 文件档案一体化管理

一、文档一体化管理思路

文档一体化强调电子文件全过程管理的连续性和信息记录的完整性，目的是确保有保存价值的电子文件自生成开始到生命周期活动过程结束的全过程，信息能够获得完全的记载和一致的保存。文档一体化管理的思路体现在以下几个方面。

(一)管理过程的互动性

文档一体化最重要的特点是将现行业务系统的工作与档案工作实现互动与交叉。一方面使档案工作者从文件生成之日起就能够开展鉴定、归档及归档后的管理，通过前端参与和过程控制，加强为社会积累财富的执行力；另一方面也使得开展现行业务活动的工作人员增强了对档案的认知程度，不仅要认识到只有将有价值的文件完整归档并移交给档案部门进行保管才能算相应的工作真正结束，同时还要意识到在开展现行业务系统的过程中，要责任明确、注意积累，记录电子文件活动全过程中所有重要的和有价值的信息，确保电子文件的真实性和完整性。管理过程的互动性加强了多方人员在工作中的交流与沟通，对形成和积累有价值的、完整的、真实记载社会活动记录的电子档案具有非常重要的社会意义。

(二)应用系统的统一性

文档一体化管理模式的实现是文件和档案共同依赖统一的管理信息系统，并运行于同构的网络、服务器、数据库管理平台，采取相同的数据、文件存储格式，不同的是管理文件与档案工作人员对信息系统的操作权限有所不同。在文件的生成、处理、会签、审批等各业务工作处理阶段，业务工作人员拥有对文件的增加、修改、删除等权限，而档案工作者只有查看、浏览的权限。在文件结束其现行期业务工作之后，进入归档阶段时，由电子文件的归档整理人员进行筛选、整理，而档案工作者则开始履行电子文件的鉴定职能和归档前的指导工作。在电子文件归档形成电子档案后，档案工作者则需要开展电子档案的保管工作，并为档案形成单位和社会提供服务。应用系统的统一性使得从文件到档案的转变过程中，不再需要数据转换和迁移，保持了文件信息的真实性和完整性，同时也降低了工作人员使用信息系统的复杂性，减少了使用过程中错误的发生率。

（三）工作流程的集成性

在传统的文件管理过程中，文件的形成、归档和作为档案保管与提供利用等环节都将文件生命周期清楚地划分为3个相对独立的过程，即现行期、半现行期和非现行期，并通过现行业务工作部门、机构档案室和档案馆3个物理位置不同的部门分别完成各自的工作。而文档一体化则将文件、档案的管理流程实现了集成，要求在一个统一的系统内，有统一的控制中心、统一的工作制度、统一的且各有特点又互相衔接的工作程序，将档案著录、鉴定、保存和管理等工作贯穿于文件的形成、流转、会签、批准或签发、整理、鉴定、归档、移交、保存或销毁等各个环节，实现各个过程中工作流程的集成和信息的共享，而且能够根据不同的文件与处理要求定义特定的工作流程，实现流程的优化和个性化处理，提高了工作效率，降低了档案接收和保管的复杂性，避免了信息的多次录入和产生不一致信息的可能性。

（四）业务处理的自动性

文档一体化是在充分信任的网络、计算机和信息系统的数字环境下开展工作，采用信息技术和基于工作流程管理理念实现的自动化信息系统，不仅提高了工作效率，而且降低了错误发生的概率。同时，在一些业务处理环节增加了系统自动处理技术，如电子文件版本信息的自动跟踪、电子文件处理过程中的责任链信息的记录、基于管理规则实现的电子档案的自动标引等，都大大提高了业务处理工作的自动化程度，减少了人工操作的复杂程度。由于这些自动化的处理过程是通过系统进行身份认证之后自动生成并保存记载的，因而大大提高了电子文件整个生命周期活动中信息记载的真实性和完整性。

（五）归档工作的及时性

通过对文档一体化应用系统的广泛使用，档案工作者能够随时对归档范围内的、已经完成现行期使命的文件实行鉴定、整理、归档和提供利用等工作。一旦电子文件的形成机构确认该文件已经结束现行期的历史使命，就完全能够实现即时归档、即时鉴定，避免以往实行的隔年归档中存在的各种问题，如丢失、泄密、滞后等。

（六）安全管理的有效性

文档一体化，一方面使电子文件归档过程变得简单、快捷，自动化程度变高；另一方面使人们对电子档案原始文件与档案目录数据实现了同步管理，最大限度地减少了人工的干预，不仅提高了归档工作的效率，更重要的是大大增强了归档过程的规范性和安全性。至于网络和信息系统带来的安全风险，是能够通过采取各种现代技术手段进行控制的。事实上，据权威机构统计，70% 的信息安全事件来自管理上的漏洞，采用自动化手段执法比靠人工执法的安全性要高。特别是在《中华人民共和国电子签名法》颁布实施后，电子签名、数字证书、身份认证等一些安全措施和技术手段的采用，也将大大增强电子文件和电子档案安全管理的有效性。

二、文档一体化实现方法

（一）文档一体化系统业务流程

文档管理的实际办公过程比较复杂，有保存价值的电子文件经过整理、鉴定、审核、移交、归档到档案部门管理后，形成电子档案。

（二）文档一体化系统功能结构

通常情况下，文档一体化管理信息系统的功能包括收文管理、发文管理、归档管理、档案管理等，这几个模块相互关联，内部信息集成化共享。

1. 收文管理

以电子文件的形式处理和记载上级公文、平级来文，用户可根据公文的登记日期、急缓程度、当前流转状态等过程信息快速有效地找到相关文件并进行相应的操作，主要包括收文登记、收文流转、文件催办、流程监控、文件发布等过程。

2. 发文管理

发文管理是处理并转发内部制定的或外来的文件，主要包括发文起草、发文流转、文件催办、流程监控、发布等主要工作。电子文件起草后，均需逐级通过各主办与会签部门人员的审批和修改，最后提交领导签发，形成正式的公文，然后登记、归档。

3.归档管理

电子文件的归档大多采用以下两种方式:一是通过机构内部局域网的电子公文传输系统从网上实现自动归档,系统通过归档环节后,电子文件的管理权就移交给档案管理部门,成为电子档案。此时,其他业务人员能够按照系统授予的权限查询电子档案,但不可以修改。二是各立卷部门在向档案馆移交纸质档案的同时,上交电子载体存储的各种信息,如磁盘、光盘等。

4.档案管理

根据国家版本的电子档案归档与管理的相关标准,执行档案的移交、接收、审核、保存、管理、查询、统计以及提供服务利用等工作,档案形成机构可根据档案的信息类别或档案来源建立相应的档案信息资源库,并可根据归档年度、归档部门或档案实体分类等建立快速检索机制,方便借阅和提供利用。

(三)电子文件网络化归档的真实性保障方法

整个过程包括电子文件归档产生的数字化档案信息的形成、归档、管理和利用4个重要阶段,每个阶段都需要采取各种策略和方法保障档案信息的真实性。

三、文档一体化深化应用的要求

(一)提高认识、统一思想是文档一体化管理的基本要求

文档一体化的实质是将机构各部门相对分散独立的文件与档案统一为一个有机的整体进行管理。这不仅能够加强档案部门对文件管理的超前控制,保证档案的质量,而且能够实现文档数据的一次输入、多次利用,减少重复劳动,节约人力、财力、物力和时间。然而,要想真正实现文档一体化管理,对档案工作者而言,特别是对于档案部门的领导来说,必须对文档一体化管理理念有一个全面、客观、科学的认识,并达成共识,充分认识到一体化管理的真正受益者是档案工作者自身,认识到新形势下文档一体化的必要性和紧迫性,认识到这是时代赋予当今档案工作者的使命,只有这样才能够顺利推行文档一体化管理,使他们面对困难,不逃避、不退缩,勇于接受新鲜事物,逐步实施和应用文档一体化管理模式来开展各项工作。

（二）加强电子文件管理的标准化与规范化

文档一体化管理使电子文件与电子档案之间的关系更加密切，把两者放在一个综合的管理系统中，作为前后衔接、相互影响的子系统，统一地组织和控制整个文件生命周期的全过程。由于文件管理与档案管理的这种前后相承的关系，文件管理直接关系到档案管理的存在和发展，只有文件管理做到标准化、规范化，档案管理才能够顺利地展开。如果文件管理无章可循、紊乱不堪，可以想象档案管理的各个环节也会陷入忙乱无序的状态，这也会影响综合管理信息系统整体功能的效用。

（三）加强培训和继续教育，提升档案工作者的综合素质

文档一体化管理要求档案工作者不仅具有档案学基础理论知识及专业知识，还必须掌握现代信息技术，熟练运用计算机及现代通信设备来操作网络化管理信息系统，要求档案工作者不断调整自己的知识结构，提高技能，加强综合素质的培养。如果不熟悉计算机、不懂网络知识，根本无法接受文档一体化管理思路，更无法开展电子档案的管理工作，也不可能参与到电子文件管理的全过程中。

第三节 档案资源多元化利用

一、档案资源的社会化利用

在信息社会和知识型社会迅速发展的21世纪，在档案信息化建设与发展的众多方面，无论是技术手段，还是信息资源的有效积累和广泛利用，都必将以档案信息资源的整合、集成、共享、利用作为出发点和落脚点，以传承人类文明、共享信息资源，实现社会的可持续健康发展。

（一）档案资源的知识化积累

档案的形成（鉴定、收集、整理与归档）是从个体知识到组织知识，再到社会知识转换的文化积累和动态跟踪的历史记载过程，档案的开发与利用（编研、开放、发布与利用）是人类传承文明、创新发展的过程。这两个相互衔接、彼此推动的过程循环往复、推陈出新，构成了人类社会的知识化

动增长和社会化自适应的档案资源不断丰富的过程模型。这表明了档案文化通过传承—积累—发展—传承这样一种类似于文化加工厂的生产工序,随人类自身的繁衍而形成民族文化生生不息、无始无终的传承环链。

(二)档案资源的共享化利用

社会信息化使档案信息资源面临着一个全新的生存环境与发展空间。美国档案学者杰拉尔德·汉姆先生曾指出,档案应该记载人类生活的方方面面,档案工作者要创造一个反映普通百姓生活喜好和需求的、全新的文献材料世界,档案馆藏是反映人类生活的广阔领地。因此,档案资源唯有回归社会,才能得到最大限度的利用,才能体现档案保管的价值和作用。事实告诉我们,实现档案信息资源的集成化管理和共享化利用是档案贴近公众、服务社会的最佳解决方案。

要实现档案信息资源的共享化利用,必须在档案基础数据库的建设上下功夫。因此,研究档案基础数据库的元数据标准集、数字化档案信息的格式规范以及档案基础数据库的建设思路和方法、各类结构化和非结构化档案数据的组织、存储和检索利用的关键技术与整合方案、提供检索服务和共享利用的有效机制等,将成为当前档案馆信息化建设重要的基础性工作。

(三)档案信息服务机制变革

随着全国各行各业信息化进程的加快,档案馆信息化应用也逐渐走向更广、更深的领域。档案信息服务将不再拘泥于传统的、单一的方式,将会有所创新,趋向多元化发展。

1.服务方式由被动向主动转变

要改变传统的被动服务方式,就应积极主动地开展档案信息服务。长期以来,在档案信息利用上,我们总是遵循一种传统的服务方式——等客上门。这实质上与信息社会的发展极不协调,不利于档案信息价值的体现与发挥,封闭了档案信息表现价值的众多途径。而档案信息服务方式也必须考虑到档案的特性,送货上门也是不行的,这不符合《中华人民共和国档案法》的基本要求。档案信息的主动服务方式应该是请客入门。

2.服务手段由传统型向现代化转变

信息技术、数据库技术以及多媒体技术的发展使得档案信息服务手段发生了巨大的转变。借鉴相关学科数字化发展的研究成果,实现档案管理现代化应借助数字化综合管理信息系统,把分散于不同载体、不同地理位置的档案信息资源以数字化的形式储存,以基于对象管理的模式管理,以网络化的方式互相连接,从而提供及时利用,实现档案信息资源共享。我国是发展中国家,经济和技术条件的制约决定了档案管理手段转变的长期性,传统的档案馆信息服务技术与服务手段将得到一定程度上的摒弃,将以新的信息传播循环方式提供档案信息服务。

3.服务内容由单一型向多元化发展

通过网络等信息技术与其他档案馆、信息机构及整个社会信息资源建立起紧密的联系。其信息服务将增加新的内容,诸如档案信息资源网络化组织管理、档案信息资源的网络导航、档案信息的数字化开发与提供利用、档案用户的教育培训等。例如,在档案利用者的教育培训方面,就要在对利用者进行传统档案检索和获取方式的培训基础上,重点帮助利用者学会如何利用数字化的信息资源、如何选择档案信息数据库、如何从网上获取所需的档案信息、如何操作远程通信软件等。档案信息组织方式、检索方式、采集方式较其他类型的文献信息来说,具有复杂多样、技术含量高、对利用者利用信息能力要求高等特点,而我国熟练使用档案信息的人很少,所以对档案利用者的信息检索能力、信息获取能力、信息筛选能力、信息识别能力的培养是档案信息服务的一项重要内容。

4.档案资源由封闭向开放转变

在网络环境下,档案馆信息服务资源已不再仅仅局限于馆藏档案信息量等指标,而是着眼于档案馆获取档案信息、提供档案信息的能力。所以,档案馆除了应充分开发、利用本馆馆藏档案信息外,还必须通过网络检索利用其他档案馆馆藏信息和网上信息资源。建立档案信息资源的现代化管理系统,将档案信息纳入计算机网络,从而达到最快捷的信息资源利用效果。通过网络等信息技术实现档案信息价值的最大化,并最终取得档案信息服务于社会的最佳效果。这需要一个过程,从单机操作到建立档案管理信息系统网络,再到连接有关信息机构网站,最终并入国际互联网。从我国现实情况来看,这将是一个长远的过程,而且必将是档案馆信息服务发展的终极目标。

5.档案资源由单一型向多类型转变

档案馆提供的单一信息服务的资源是以收藏纸质档案为主要内容的。在网络环境下,档案馆综合信息服务模式的服务资源则要朝着多种载体形式并存的方向发展,包括各种电子文件、光盘、多媒体、缩微载体和声像载体等,尤其要增加数字化馆藏资源的建设。网络环境下的数字档案馆所拥有的完整的馆藏含义应该是物理实体馆藏+数字化馆藏。

我国档案馆在档案信息数据库建设方面的任务是在保留传统档案文献的同时,应通过协作与协调,在一定程度上对馆藏资源进行数字化,要注意将各馆独特价值的馆藏文献数字化,制成光盘或上网传播,使各馆上网信息独具特色,并在此基础上形成一个档案信息网络。

二、馆藏档案数字化应用

为适应公众网络化查档和档案信息化管理的多元化需求,馆藏档案数字化应用系统的建设已成为现代档案管理的一项重要内容,对档案工作者而言,这也是一项全新的任务,需要在充分认识到馆藏数字化重要性和必要性的基础上,采取有效的策略和方法,开展馆藏档案数字化系统的建设和有效使用。

(一)馆藏档案数字化的意义和任务

中共中央办公厅、国务院办公厅联合发布的《关于加强信息资源开发利用工作的若干意见》中明确指出:“各级党委和政府必须担负起加强信息资源开发利用工作的重要责任,采取有效措施,抓紧解决工作中存在的问题,不断提高信息资源开发利用水平。”档案信息资源的开发与利用是现代档案工作的重中之重。档案作为一种特殊的文化资源,是国家信息资源的重要组成部分,它的开发与利用具有非常广泛的社会价值和实际意义。馆藏档案数字化工作主要包括两项任务:一是将传统载体档案目录进行数字化;二是将档案内容进行数字化。

(二)馆藏档案数字化的思路与方法

1.做好馆藏档案数字化的前期基础工作

需要对哪些档案进行数字化、采取什么方法来开展、数字化加工需要购买哪些设备、除此之外还需要做哪些准备工作以及如何做等,都是馆藏数字化的前期基础性准备工作。

(1)做好可行性论证。要根据档案利用的需要,资金情况,馆内人员知识结构,馆内软、硬件平台,馆内信息化应用现状等基本状况,在充分了解和认识馆藏档案数字化系统建设的复杂程度和技术要求之后,做好馆藏数字化系统建设的可行性论证工作,确保系统建设自始至终不被中断,确保数字化后的档案信息能够真正使用起来,见到实效。

(2)选择数字化加工方式。数字化是保管档案过程中所做的一项技术性较强的现代化处理工作,这对习惯了传统管理工作的档案工作人员来说具有较大的难度。因此,需要提前做好规划,明确系统建设的实施方案。主要包括馆藏档案数字化系统分几个阶段完成,每个阶段的任务和目标是什么,应对哪些档案做数字化加工和处理,数字化加工处理过程中的安全控制、进度控制、质量控制和成本控制等过程中应采取的方法与策略,数字化后的档案信息如何与现有的计算机信息系统实现集成,如何发布档案信息以提供利用,如何解决备份和长久保存等问题,这些都需要提前做好解决方案,并在档案工作人员和数字化加工协作人员之间达成共识后,才能开始工作。边加工边讨论的方式只能导致工期延长、见效缓慢、安全性保障难,甚至导致项目失败。

(3)筹备和落实资金。数字化加工的任务单靠档案馆的人力很难完成,往往需要借助商业化的运行模式或外协加工。另外,加工完成后,还需要购买网络化存储设备提供档案信息服务与利用,需要购买各种存储介质进行数据备份,而且数字化加工过程还需要购买保障安全的监控设施和扫描设备,系统实施后还需要聘用系统管理和数据管理人员开展大量的运行与维护工作。建立馆藏档案数字化系统需要的资金大概包括以下几个部分:扫描并且进行全文数字化加工的费用;数据发布系统的购买费用,包括全文检索、模糊检索、多分类系统、图文关联、元数据编辑器等;购买服务器的花费;进行馆内人员培训、引进网络管理员和系统管理员等都需要资金。因此,在进行馆藏档案数字化之前,应在资金准备上给予充分重视。

2. 确定数字化加工的协作模式

档案内容数字化工作包括数字化预加工和深加工。预加工能够将纸质档案、照片档案、缩微胶片等转变为电子图像文件,不能将纸质档案上的文字信息进行完全处理;深加工则是利用技术含量较高的OCR和语音识别等处理技术获取载体档案中的文字信息，以利于提供全文检索。

3.保障数字化档案信息的真实性

在馆藏档案数字化过程中，数字化档案信息的真实性、完整性保障主要体现在档案实体的扫描加工和档案目录的数字化两个方面。

（1）扫描加工过程中的真实性保障。馆藏数字化档案信息在其形成、管理和提供利用的过程中，制定保障档案信息真实性的规章制度是非常重要的，各个阶段的安全保障侧重点不完全相同。

（2）数字化档案目录信息的真实性保障。数字化档案目录信息一般都存储在数据库文件中，它的安全性主要取决于数据库管理系统自身的管理能力，它的真实性主要取决于档案管理员依法管档的严格程度。这一部分数据是管理人员根据档案原件提取出来的、用来描述档案原件核心内容的元数据信息（也可能是电子文件自动归档过程中通过预先设定的规则自动生成的、描述文件属性的元数据信息），但这一部分信息并不像档案原件那样具有凭证性作用，它只是为了方便管理和快速检索而形成的，并且在以后的管理过程中某些信息可能会改变。

4.加强数字化档案信息的整合与集成

馆藏档案数字化和电子文件归档后产生了大量的数字化档案信息，如果只将其刻录于光盘或存储在磁盘中，不提供系统化的档案利用服务，是错误的和无意义的，也不是馆藏档案数字化的真正目的。一些档案馆在开展数字化之前就使用了档案管理信息系统来管理档案的目录信息，并在馆内提供档案目录信息的检索服务，也有一些档案馆在开展数字化的同时也建立了电子文件归档系统，收集电子文件并整理其目录信息，还有些是将馆藏档案数字化作为档案信息化的启动工程。但无论是哪种情况，都需要处理好当前档案馆面临的电子文件归档、馆藏档案数字化和对传统载体档案管理的业务关系，将这3项主要工作形成的数字化档案目录信息和档案内容实行同步管理，对于电子档案有纸质备份的或纸质档案有数字化拷贝的，都需要做关联处理，做到同一档案内容的一致性管理。否则，在档案馆分别建立电子文件管理系统、馆藏档案数字化管理系统、纸质档案管理系统，必然会造成系统间的数据重复，甚至不一致，从而增加管理的复杂程度。

5.保障数字化档案信息的存储安全

数字化档案信息的安全管理是档案信息化应用的前提条件。档案安全管理的重要性是由档案本身和档案管理的性质决定的,档案信息化建设必须充分考虑电子环境、应用系统和档案数据存储等方面的安全问题,要正确处理方便、高效使用与安全管理的关系,不能因过分考虑安全而限制了档案信息的网络化传输与使用,这样将大大降低网络化应用系统的使用价值。对于数字化档案的网络化存储系统,一方面要求使用带自动备份功能的专用服务器和数据库管理系统,能够配置备份作业计划并安全执行,如光盘库、磁盘阵列、专用网络存储设备等,使备份信息能够实现数据的迁移和恢复;另一方面也应同时使用安全介质备份,定期刻录(复制)备份信息,实行异地保管。

6.提供数字化档案信息的方便利用

馆藏档案数字化的一个根本目的是方便利用,如果将数字化后的图像刻录成光盘存放在库房中,采用与纸质档案同样的管理方式,那么数字化的效果就很难体现出来。只有真正将档案的数字信息放在网络环境中,提供网络化的高效服务,才能确保投资有收益。

第八章 档案数字化实践

纸质档案数字化是指将传统的纸质档案转化为电子形式,以便存储、检索和利用。纸质档案的数字化可以通过扫描、拍照等方式进行。数字化后的纸质档案可以通过网络进行共享和传播,大大提高了档案利用的效率和便利性。此外,数字化档案还可以进行全文检索和关键词搜索,使得查找和利用档案变得更加快捷和精准。音频档案数字化是指将音频记录转化为数字形式,以便存储、传播和利用。音频档案的数字化可以通过录音、转录等方式进行。数字化后的音频档案可以通过网络进行传播和共享,使得音频资源得到更广泛的利用。此外,数字化档案还可以进行音频转换和编辑,使得音频资源的利用更加灵活和多样化。视频档案数字化是指将视频记录转化为数字形式,以便存储、传播和利用。视频档案的数字化可以通过录像、转录等方式进行。数字化后的视频档案可以通过网络进行传播和共享,使得视频资源得到更广泛的利用。此外,数字化档案还可以进行视频编辑和剪辑,使得视频资源的利用更加灵活和多样化。

纸质档案数字化、音频档案数字化、视频档案数字化的出现,不仅提高了档案管理的效率和便利性,还为档案的保护和利用提供了新的途径和手段。数字化档案的出现,使得档案的存储空间大大减少,档案的保护和保存成本也大大降低。同时,数字化档案的共享和传播也为档案的利用提供了更广阔的空间和机会。数字化档案的出现,使得档案的利用更加灵活和多样化,为学术研究、文化传承和社会发展提供了更多的资源和支持。

第一节 纸质档案数字化

一、纸质档案数字化的重要性

(一)提高档案管理效率

1.数字化档案的快速检索和共享

纸质档案数字化的快速检索和共享不仅提高了档案管理的效率,也为各个领域的工作提供了便利。纸质档案数字化的快速检索是指将纸质档案通过扫描等技术手段转化为电子文件,并通过合适的软件工具进行管理和检索。相比于传统的纸质档案管理方式,数字化档案具有以下优势。

(1)数字化档案可以实现快速检索。传统的纸质档案需要通过手工翻阅才能找到所需的文件,费时费力。而数字化档案可以通过关键词搜索等方式快速找到所需的文件,大大提高了检索的效率。

(2)数字化档案可以实现多维度的检索。传统的纸质档案只能按照文件的物理位置进行检索,而数字化档案可以根据文件的属性、内容等多个维度进行检索。比如,可以按照文件的创建时间、文件类型、文件大小等属性进行检索,也可以通过文件的关键词、内容摘要等进行检索,满足不同需求的检索要求。

(3)数字化档案可以实现全文检索。传统的纸质档案只能通过文件标题或者目录进行检索,无法对文件内容进行全面检索。而数字化档案可以对文件的全文内容进行检索,不仅可以找到文件标题中包含关键词的文件,还可以找到文件内容中包含关键词的文件,提高了检索的准确性和全面性。

(4)数字化档案可以实现档案的共享。传统的纸质档案只能通过复制或者传递纸质文件的方式进行共享,不仅费时、费力,还容易造成文件的遗失或者损坏。而数字化档案可以通过网络进行共享,只需要将文件上传到网络中,其他人就可以通过网络访问和下载文件,方便快捷。

数字化档案的快速检索和共享,不仅在档案管理领域具有重要意义,在各个领域的工作中也发挥了重要作用。比如在企业管理中,数字化档案的快速检索可以帮助企业快速找到所需的文件，提高工作效率；数字化档案的共享可以方便不同部门之间的信息交流和协作。在科研领域，数字化档案的快速检索可以帮助科研人员查找相关的文献和研究成果，提高科研工作的效率；数字化档案的共享可以促进科研人员之间的合作和交流。在教育领域，数字化档案的快速检索可以帮助教师找到适合的教学资源，提高教学质量；数字化档案的共享可以方便学生之间的学习交流和资源共享。

2.减少纸质档案的物理存储空间

纸质档案数字化的出现和应用，对于减少纸质档案的物理存储空间产生了积极的影响。纸质档案数字化可以减少纸质档案的数量和体积。纸质档案的存储需要大量的物理空间，而数字化后的档案可以通过电子设备进行存储，不再需要大量的文件柜和书架。数字化的档案可以存储在计算机硬盘、云存储等电子设备中，占用的空间相对较小。这样一来，机构或企业可以节省大量的存储空间，将原本用于存放纸质档案的空间用于其他用途。

（二）保护档案安全性

纸质档案数字化可以减少档案的丢失和损坏。纸质档案存在着被灾害、人为破坏、时间腐蚀等风险，一旦发生意外，档案可能会永久丢失或受到不可逆的损坏。而数字化后的档案可以通过备份和存储在多个地点的方式，避免了单一点的风险，大大提高了档案的安全性。纸质档案数字化可以加强档案的访问控制和权限管理。纸质档案的访问控制相对较弱，容易造成档案被未经授权的人员访问和篡改。而数字化后的档案可以通过密码、加密等技术手段来实现访问控制和权限管理，只有经过授权的人员才能访问和修改档案，从而保护档案的安全性。纸质档案数字化可以提高档案的防伪能力。纸质档案容易被伪造和篡改，造成档案的真实性和完整性受到威胁。而数字化后的档案可以通过数字签名、时间戳等技术手段来确保档案的真实性和完整性，一旦档案被篡改，就会被检测出来，从而保护档案的安全性。纸质档案数字化可以实现档案的长期保存和永久保存。纸质档案的保存周期有限，容易受到环境、时间等因素的影响，导致档案的损坏和丢失。而数字化后的档案可以通过定期备份和迁移的方式来实现长期保存和永久保存，保证档案的安全性和可持续性。

(三)促进信息共享和协作

1.在线访问和共享

纸质档案数字化的在线访问是指将数字化的档案通过网络等方式提供给用户进行访问和查阅。用户可以随时随地访问档案,不再受到时间和地点的限制。无论是在办公室、家中还是在外出办事的路上,用户都可以通过网络访问档案,查找所需的信息。在线访问可以提高档案的利用效率。纸质档案需要人工翻阅和整理,而在线访问可以通过计算机的搜索功能,快速找到所需的信息,节省了大量的时间和人力成本。在线访问还可以提高档案的利用价值。通过在线访问,用户可以更方便地获取档案信息,进一步开展研究和应用,提高档案的利用效果和价值。

纸质档案数字化的在线共享是指将数字化的档案通过网络等方式提供给多个用户进行共享和交流。这可以促进档案资源的共享和合作。通过在线共享,不同机构和组织可以共享自己的档案资源,互相借鉴和学习,提高档案资源的利用效率和价值。这可以促进档案管理的标准化和规范化。通过在线共享,不同机构和组织可以共同制定和遵守档案管理的标准和规范,提高档案管理的质量和效果。在线共享还可以促进档案的保护和传承。通过在线共享,可以更好地保护和传承档案资源,使其得到更广泛的传播和应用。

2.多人协作和编辑

纸质档案数字化方便多人协作。在传统的纸质档案中,多人需要同时查阅和编辑同一个档案时,需要将档案复印或者传递给其他人,这样会浪费大量的时间和资源。而数字化档案可以通过网络共享,多人可以同时访问和编辑同一个档案,不需要再进行传递和复制,大大提高了协作效率。无论是在企业内部的团队协作,还是在跨部门或跨机构的合作中,数字化档案都能够方便多人协作,提高工作效率。

纸质档案数字化方便编辑和修改。在纸质档案中,一旦文件被打印或复印,就无法进行修改和编辑,如果需要修改,就需要重新打印或复印一份新的文件。而数字化档案可以通过电子设备进行编辑和修改,不需要重新打印和复印,节省了大量的纸张和印刷成本。同时,数字化档案还可以进行版本控制,记录每一次的修改和编辑,方便追溯和管理。

二、纸质档案数字化的流程

(一)纸质档案整理和分类

纸质档案整理是指对纸质档案进行清点、整理、分类、编目等,以便于后续的数字化处理。首先,需要对纸质档案进行清点,确保所有档案都被找到并记录下来。清点时可以使用电子表格或专门的档案管理软件进行记录,以便于后续的整理和分类。在清点完成后,需要对档案进行整理。整理包括将档案按照一定的规则进行排序、排列,以便于后续的分类和编目。整理时可以根据档案的时间、地点、主题等进行分类,也可以根据档案的形式(文件、报告、合同等)进行分类。档案整理完成后,需要对档案进行。分类是为了方便后续的数字化处理和检索。分类可以根据档案的主题、内容、形式等进行,也可以根据档案的重要性、保密性等进行分类。分类时可以使用专门的分类标准和编码,以便于后续的检索和管理。档案分类完成后,需要对档案进行编目。编目是指为每个档案记录一些基本的信息,如档案的标题、作者、日期、来源等。编目可以使用电子表格或专门的档案管理软件进行记录,以便于后续的检索和管理。

纸质档案分类是整理过程中的一个重要环节,但在实际操作中可能会遇到一些关键问题。在进行纸质档案分类时,需要选择合适的分类标准。分类标准可以根据档案的主题、内容、形式等进行选择。可以参考已有的分类标准,也可以根据实际情况进行调整和修改。选择分类标准时需要考虑档案的特点和需求,以便于后续的检索和管理。选择了合适的分类标准后,需要将其应用到实际的档案整理中。在应用分类标准时,需要对档案进行细致的分析和判断,以确定其所属的分类。可以根据档案的主题、内容、形式等进行判断,也可以参考已有的分类案例进行判断。在应用分类标准时需要注意分类的准确性和一致性,以避免分类错误和混乱。在实际操作中,可能会发现分类标准存在一些问题或不足之处。这时需要及时进行调整和修改,以适应实际的需求。可以根据档案的特点和需求进行调整和修改,也可以根据用户的反馈和建议进行调整和修改。在调整和修改分类标准时需要注意保持分类的一致性和稳定性,以避免频繁的调整和修改。在进行纸质档案分类后,需要对分类结果进行评估和反馈。评估可以根据档案的检索和使用情况进行,也可以根据用户的反馈和建议进行。评估的目的是检查分类的准确性和有效性,以便于后续的改进和优化。在评估和反馈分类结果时需要注意及时反馈和处理用户的意见和建议,以提高分类的质量和效果。

(二)选择数字化设备

1.扫描仪

扫描仪是纸质档案数字化的重要工具,选择合适的扫描仪对于数字化工作的效率和质量至关重要。

根据扫描原理和使用方式的不同,扫描仪可分为平板式扫描仪、卷筒式扫描仪和便携式扫描仪。平板式扫描仪是最常见的一种扫描仪,它采用平板式设计,将纸质档案放置在扫描区域上进行扫描。平板式扫描仪适用于扫描较小尺寸的纸质档案,其操作简单,扫描速度较快。卷筒式扫描仪采用卷筒式设计,将纸质档案卷入扫描区域进行扫描。卷筒式扫描仪适用于扫描较大尺寸的纸质档案,其扫描速度较快,但操作相对复杂。便携式扫描仪是一种小巧轻便的扫描仪,可以随身携带。便携式扫描仪适用于扫描不方便移动的纸质档案,其操作简单,但扫描速度较慢。

选择扫描仪时,需要考虑以下几个性能指标:①分辨率是指扫描仪能够扫描的最小像素单位,通常以dpi(每英寸点数)表示。较高的分辨率可以提供更清晰的图像质量,但同时也会增加文件大小。②扫描速度是指扫描仪每分钟能够扫描的纸张数量。扫描速度较快可以提高工作效率,但同时也会影响扫描质量。③自动进纸功能可以实现连续扫描,提高工作效率。对于大量纸质档案的数字化工作,自动进纸功能是一个重要的考虑因素。④双面扫描功能可以同时扫描纸张的正反两面,提高工作效率。对于双面打印的纸质档案,双面扫描功能是一个重要的考虑因素。⑤扫描仪支持的文件格式决定了扫描后的文件可以在哪些软件中打开和编辑。常见的文件格式包括PDF、JPEG、TIFF等。

除了基本的扫描功能外,一些高级扫描仪还具备以下功能特点:①自动裁剪功能可以根据纸张的大小自动裁剪图像,减少后期处理的工作量。②自动校正功能可以自动调整图像的亮度、对比度和色彩平衡,提高图像质量。③OCR识别功能可以将扫描后的图像转化为可编辑的文本,方便后续的检索和编辑工作。④批量处理功能可以同时处理多个扫描任务,提高工作效率。

在选择扫描仪时,需要考虑以下几个要点:根据实际的扫描需求确定所需要的扫描仪类型、性能指标和功能特点;根据预算限制确定可接受的价格范围,选择性价比较高的扫描仪;选择知名品牌的扫描仪,品牌信誉可以保证产品的质量和售后服务;查阅用户评价,了解其他用户对扫描仪的使用体验和性能评价;选择提供良好售后服务的厂商,以便在使用过程中遇到问题时能够及时得到解决。

2.文字识别设备

文字识别设备则是纸质档案数字化的重要工具之一,它可以将纸质档案中的文字内容转化为可编辑的电子文本。在选择文字识别设备时,需要考虑以下几个方面:①文字识别设备的主要功能是将纸质档案中的文字内容转化为电子文本,因此识别准确度是选择设备的重要指标之一。识别准确度越高,转化后的电子文本质量就越好,提高了后续处理的效率和准确性。②纸质档案数字化通常需要处理大量的纸质文件,因此文字识别设备的识别速度也是一个重要的考虑因素。选择识别速度较快的设备可以提高数字化的效率,节省时间和人力成本。③纸质档案中可能包含多种语言的文字内容,因此选择支持多语言识别的设备可以更好地满足不同语言的识别需求。④文字识别设备是否支持批量处理也是一个需要考虑的因素。如果需要处理大量的纸质档案,选择支持批量处理的设备可以提高数字化的效率。⑤设备的易用性也是选择的重要因素之一。文字识别设备是否具有友好的用户界面、简单的操作流程以及易于维护等特点,都可以提高设备的使用效率和用户体验。⑥设备的成本也是选择的重要考虑因素之一。根据实际需求和预算情况,选择性价比较高的设备,可以在满足需求的同时,控制成本。

3.存储设备

存储介质的类型是选择存储设备的重要考虑因素之一。目前,常见的存储介质有硬盘、光盘、磁带和云存储等。硬盘是一种常见的存储介质,具有容量大、读写速度快的特点,适合存储大量的档案数据。光盘是一种便携式存储介质,具有容量较小、读写速度较慢的特点,适合存储少量的档案数据。磁带是一种高密度存储介质,具有容量大、读写速度较慢的特点,适合存储大量的档案数据。云存储是一种基于网络的存储方式,具有容量大、读写速度快的特点,适合存储大量的档案数据,并且可以实现远程访问和共享。

存储容量是选择存储设备的另一个重要考虑因素。存储容量需要根据档案数据的大小和增长速度来确定。如果档案数据较小且增长缓慢,可以选择容量较小的存储设备,如硬盘或光盘。如果档案数据较大且增长较快,需要选择容量较大的存储设备,如磁带或云存储。此外,还需要考虑存储设备的扩展性,以便在需要时能够方便地扩展存储容量。

存储设备的可靠性是选择存储设备的另一个重要考虑因素。可靠性包括数据的安全性和可用性。数据的安全性是指数据不会丢失或被损坏,可以通过备份和冗余存储来提高数据的安全性。数据的可用性是指数据可以随时访问和使用,可以通过冗余存储和灾备恢复来提高数据的可用性。在选择存储设备时,需要考虑设备的故障率、数据的备份和恢复机制等因素,以确保档案数据的安全和可用。

成本是选择存储设备的重要考虑因素之一。成本包括设备的购买成本、维护成本和升级成本等。不同类型的存储设备具有不同的成本特点。硬盘和光盘的购买成本相对较低,但维护和升级成本较高。磁带的购买成本较高,但维护和升级成本较低。云存储的购买成本相对较低,但需要支付存储和带宽费用。在选择存储设备时,需要综合考虑成本和性能,选择最适合的存储设备。

(三)扫描纸质档案和处理图像

1.扫描纸质档案

在开始扫描纸质档案之前,需要进行一些准备工作。需要确定扫描的纸质档案的种类和数量,并准备好相应的扫描设备和软件。需要清理纸质档案,确保其表面干净,没有污渍或折痕。需要为扫描的纸质档案准备好合适的存储介质,如硬盘或云存储。在进行扫描之前,需要对扫描设备进行设置。这包括设置扫描分辨率、色彩模式和文件格式等参数。一般来说,较高的分辨率可以提供更清晰的图像,但也会增加文件的大小。色彩模式可以选择黑白、灰度或彩色,根据实际需要进行选择。文件格式可以选择常见的PDF、JPEG或TIFF等。在进行扫描之前,需要将纸质档案放置在扫描设备上。可以使用自动进纸器或手动放置纸张。在扫描过程中,需要确保纸张的位置正确,没有歪斜或重叠。同时,还需要确保扫描设备的光源和传感器干净,以避免影响扫描质量。扫描得到的图像需要进行文件命名和索引，以便后续的管理和检索。文件可以根据档案的内容、日期、编号等进行命名。索引可以使用关键词、标签或目录等方式进行标记，以方便后续的搜索和访问。

扫描纸质档案的过程是纸质档案数字化的重要环节。通过扫描纸质档案，可以将其转变为电子文档，实现信息的数字化存储和管理。这样可以提高档案的可访问性和共享性，减少档案的物理空间占用，提高工作效率和信息安全性。然而，扫描纸质档案也面临一些挑战。纸质档案的数量庞大，扫描工作量大，需要耗费大量的时间和人力资源。纸质档案的质量参差不齐，有些档案可能已经老化或损坏，需要特殊处理。扫描得到的电子文档需要进行质量检查和验证，以确保其准确性和完整性。

2.处理纸质档案图像

处理纸质档案图像的目的是提高图像的质量和可读性，以便于后续的数字化处理和利用。常见的图像预处理方法包括通过去除图像中的噪声，提高图像的清晰度和可读性。常见的去噪方法有中值滤波、均值滤波等。通过增加图像的对比度、亮度等，也可以提高图像的清晰度和可读性。常见的图像增强方法有直方图均衡化、灰度拉伸等。通过对图像进行旋转、矫正等操作，可以使得图像的方向和位置更加准确。常见的图像校正方法有边缘检测、霍夫变换等。可以将图像分割为多个区域，以便于后续的处理和识别。常见的图像分割方法有阈值分割、边缘检测等。对图像进行压缩，减小图像文件的大小，提高存储和传输效率。常见的图像压缩方法有JPEG压缩、无损压缩等。

图像识别是将图像中的文字和图形等信息提取出来的过程。在进行图像识别时，可以使用光学字符识别（OCR）技术和图像处理技术。OCR技术是将图像中的文字转换为可编辑和可搜索的文本的技术。通过OCR技术，可以将纸质档案中的文字提取出来，并进行后续的处理和利用。除了OCR技术，还可以使用图像处理技术对图像中的文字和图形进行识别。常见的图像处理技术包括模板匹配、特征提取等。

在处理纸质档案图像的过程中，需要对图像的质量进行评估，以确保图像的可读性和准确性。常见的图像质量评估指标包括分辨率、对比度、亮度等。分辨率是指图像中能够区分的最小细节。分辨率越高，图像的细节越清晰，但同时也会增加文件的大小。对比度是指图像中不同区域之间的明暗差异。对比度越高，图像的清晰度越高，但同时也会增加图像的噪声。亮度是指图像的整体明亮程度。亮度越高，图像的清晰度越高，但同时也会增加图像的噪声。通过对图像质量进行评估，可以及时发现和处理图像中的问题，提高图像的质量和可读性。

（四）纸质档案数字化的数据库建设

1.数据库需求分析

需求分析是指对纸质档案数字化中数据库建设的需求进行系统分析和详细描述的过程。通过需求分析，可以明确数据库建设的目标和功能，为后续的数据库设计和开发提供指导。

数据库需要提供档案存储管理功能，包括档案的录入、查询、修改、删除等操作，以及档案的分类、归档、借阅等管理功能。数据库需要提供强大的检索功能，能够根据关键词、日期、档案类型等条件进行检索，快速找到所需档案。数据库需要提供档案的浏览功能，能够以多种形式（列表、缩略图、详细信息等）展示档案内容，方便用户浏览和查看。数据库需要提供档案借阅管理功能，包括借阅申请、借阅审批、借阅归还等操作，以及借阅记录的统计和查询功能。数据库需要提供档案权限管理功能，能够对不同用户进行权限分配，确保只有具有相应权限的用户才能进行档案操作。数据库需要提供档案的安全性功能，包括数据备份、数据恢复、数据加密等功能，以保证档案的安全性和可靠性。数据库需要提供档案的统计分析功能，能够对档案进行统计和分析，生成各种报表和图表，为决策提供依据。

根据纸质档案的数量和大小，确定数据库的容量需求，确保能够存储所有的档案数据。根据档案的访问频率和并发访问量，确定数据库的性能需求，确保能够满足用户的实时查询和操作需求。根据用户对档案查询和操作的响应时间要求，确定数据库的响应时间需求，确保能够在合理的时间内完成用户的请求。考虑到纸质档案数字化的持续增长，数据库需要具备良好的可扩展性，能够方便地扩展存储容量和提升性能。

根据纸质档案的组织结构和关系确定数据库的数据结构，包括表的设计、字段的定义、索引的建立等。数据库需要保证档案数据的完整性，包括数据的唯一性、一致性、有效性等，防止数据的丢失和错误。数据库需要支持数据的共享和交换，能够与其他系统进行数据的集成和共享，提高档案的利用价值。数据库需要提供友好的用户界面,方便用户进行档案的查询、操作和管理,减少用户的学习和使用成本。数据库需要与其他系统进行接口对接,实现数据的共享和交换,确保系统之间的数据一致性和互操作性。考虑到移动设备的普及和便捷性,数据库需要提供移动端界面,方便用户在移动设备上进行档案的查询和操作。数据库建设需要考虑成本因素,包括硬件设备、软件许可、人力资源等成本,确保数据库建设的可行性和经济性。数据库建设需要考虑时间因素,包括项目计划、开发周期、上线时间等,确保数据库能够按时投入使用。数据库建设需要考虑维护因素,包括数据库的维护计划、维护人员的培训和管理等,确保数据库的稳定性和可维护性。

2.数据库设计

在数据库设计中,数据模型是一个非常重要的概念。数据模型是对现实世界中某一特定领域的抽象描述,它描述了数据之间的关系和约束。在纸质档案数字化中,常用的数据模型有层次模型、网络模型和关系模型等。其中,关系模型是最常用的数据模型,它使用表格来表示数据之间的关系。在数据模型设计中,需要确定档案的实体和属性,并且确定实体之间的关系。

数据库结构设计是指确定数据库中表格的结构和属性。在纸质档案数字化中,每个档案可以看作是一个实体,每个实体都有一些属性。例如,一个学生档案可以包含学生的姓名、学号、性别、出生日期等属性。在数据库结构设计中,需要确定每个实体的属性,并且为每个属性选择合适的数据类型和长度。此外,还需要确定每个实体的主键和外键,以及实体之间的关系。

数据库操作设计是指确定数据库中的操作,包括插入、删除、修改和查询等。在纸质档案数字化中,用户需要能够通过数据库进行档案的查询和检索。因此,在数据库操作设计中,需要确定用户的查询需求,并且设计相应的查询语句和检索方式。此外,还需要确定用户对档案的增删改操作,并且设计相应的操作语句。数据库性能设计是指优化数据库的性能,提高数据库的响应速度和处理能力。在纸质档案数字化中,数据库中可能包含大量的数据,因此需要采取一些措施来提高数据库的性能。例如,可以使用索引来加快查询速度;可以进行数据分区,提高数据的读写效率;

可以进行数据库优化,减少数据库的冗余和冗余。

3. 导入纸质档案数据

导入纸质档案数据需要进行数据清理和整理。纸质档案数据的导入过程中,可能存在数据质量问题,如重复数据、缺失数据、错误数据等。因此,在导入数据之前,需要对纸质档案数据进行清理和整理,以确保数据的准确性和完整性。可以通过数据清洗和数据校验等方式对数据进行筛选和修正。同时,还需要对档案数据进行标准化处理,如统一日期格式、规范文件编号等,以提高数据的一致性和可比性。导入纸质档案数据需要选择合适的导入方式和工具。纸质档案数据的导入可以通过手工输入、扫描识别和数据转换等方式进行。手工输入是最常见的导入方式,但对于大量的纸质档案数据来说,手工输入效率较低且容易出错。因此,可以借助扫描识别技术,将纸质档案转化为电子文件,再通过数据转换工具将电子文件导入数据库中。此外,还可以利用自动化数据导入工具,实现对纸质档案数据的快速导入和处理。导入纸质档案数据需要进行数据验证和测试。在导入数据之后,需要对导入的数据进行验证和测试,以确保数据的正确性和完整性。可以通过比对纸质档案和导入数据的差异,进行数据验证和核对。同时,还需要对导入数据进行功能测试和性能测试,以确保数据库的正常运行和满足用户的需求。

4. 纸质档案数字化的备份

纸质档案数字化在数据库中的备份对于保护档案的安全性至关重要。纸质档案存在许多潜在的风险,如火灾、水灾、盗窃等。一旦这些档案丢失或损坏,将无法恢复。通过将纸质档案数字化并存储在数据库中,可以避免这些风险。然而,数据库也可能遭受硬件故障、病毒攻击等问题,因此备份是必不可少的。备份可以确保档案的可靠性。在数字化过程中,可能会出现一些错误或丢失的情况。如果没有备份,这些错误可能无法修复,导致档案的不完整或不准确。通过定期备份数据库,可以确保档案的完整性和准确性。如果发生任何问题,可以通过恢复备份来修复损坏的数据。

备份数据库的方法和策略有多种。可以使用物理备份的方法,即将数据库的副本存储在不同的物理设备上。这样,即使一个设备发生故障,仍然可以从其他设备中恢复数据。可以使用逻辑备份的方法,即将数据库的逻辑结构和数据导出为文件,并存储在其他位置。这种方法可以更灵活地恢复数据,但需要更多的存储空间。备份的频率也是一个重要的考虑因素。通常,备份应该定期进行,以确保数据的及时性和完整性。备份的频率可以根据档案的重要性和更新频率来确定。对于重要的档案和频繁更新的档案,备份应该更加频繁。备份的存储位置也需要注意。最好将备份存储在不同的地理位置,以防止地区性的灾害。备份的测试和恢复也是非常重要的。定期测试备份的完整性和可用性,以确保备份是有效的。还应该测试备份的恢复过程,以确保在需要时可以成功地恢复数据。如果备份无法正常恢复,可能需要重新评估备份策略并采取相应的措施。

5.保障数字档案的可访问性

数据库的可访问性指的是用户能够方便地获取和使用数据库中的信息的程度。数据库的可访问性对于纸质档案数字化来说至关重要,它直接影响到数字化后档案的使用效果和价值。数据库的可访问性可以提高档案的检索效率。在纸质档案时代,人们需要花费大量的时间和精力去查找和整理档案。而通过数字化后的数据库,用户可以通过关键词搜索、分类筛选等方式快速定位所需档案,大大提高了检索效率。数据库的可访问性使得用户可以随时随地通过计算机或移动设备访问档案,无须再去实体档案库进行查找,节省了大量的时间和人力成本。数据库的可访问性可以提高档案的共享和传播效果。在纸质档案时代,档案的共享和传播受到了很多限制,比如地域限制、时间限制等。而通过数字化后的数据库,档案可以通过网络进行共享和传播,无论是在本地还是在全球范围内,用户都可以方便地获取和使用档案。数据库的可访问性使得档案可以更广泛地传播和应用,提高了档案的使用价值和影响力。数据库的可访问性可以提高档案的安全性和保密性。在纸质档案时代,档案的安全性和保密性往往难以保证,容易受到损坏、丢失或泄露的风险。而通过数字化后的数据库,可以通过权限控制、加密技术等手段来保护档案的安全性和保密性。数据库的可访问性使得档案可以在安全的环境下进行存储和传输,减少了档案被损坏、丢失或泄露的风险。数据库的可访问性可以提高档案的可持续性和长期保存效果。在纸质档案时代,档案的保存和维护需要耗费大量的人力和物力,并且容易受到时间和环境的影响。而通过数字化后的数据库,档案可以以数字形式保存在计算机或云端服务器中,无须再进行实体保存和维护,大大降低了保存和维护的成本。数据库的可访问性使得档案可以长期保存,并且可以随时进行更新和修订,保证了档案的可持续性和长期保存效果。

数据存储和管理是数据库可访问性建设的基础。在纸质档案数字化过程中,需要选择合适的数据库系统来存储和管理数字化档案。数据库系统应具备高效的数据存储和管理能力,能够支持大规模数据的存储和处理。同时,数据库系统还应具备良好的扩展性和可靠性,以应对未来数据量的增长和系统的稳定性需求。数据权限控制是数据库可访问性建设的重要环节。数字化档案中可能包含大量的敏感信息,如个人隐私、商业机密等。数据库系统还应支持灵活的权限控制,可以根据用户角色和权限设置不同的访问权限,以确保数据只能被授权人员访问和操作。数据检索和查询是数据库可访问性建设的核心内容。数字化档案的价值在于能够方便快捷地检索和查询相关信息。数据库系统应具备高效的检索和查询功能,能够支持基于关键词、时间、地点等多维度的检索和查询。同时,数据库系统还应支持高级查询功能,如模糊查询、范围查询、逻辑查询等,以满足用户对不同类型和复杂度的查询需求。

数据共享和交流是数据库可访问性建设的重要目标。数字化档案的价值在于能够方便地共享和交流相关信息。数据库系统应具备良好的数据共享和交流机制,能够支持多种数据导出和共享方式,如Excel、PDF、API等。此外,数据库系统还应具备良好的用户界面和用户体验,以便用户能够方便地浏览、查看和下载相关数据。

6.保障数字档案的安全性

要确保数据库的物理安全。物理安全是指保护数据库服务器和存储设备不受未经授权的访问、破坏或盗窃。为了实现物理安全,可以采取以下措施:选择具有物理锁定功能的服务器机柜和存储设备,确保只有授权人员能够接触到这些设备;设置严格的访问控制策略,只有经过授权的人员才能进入服务器机房,同时安装监控设备,对机房进行实时监控;定期备份数据库的数据,以防止数据丢失或损坏,同时,将备份数据存储在安全的地方,以防止数据泄露。

要确保数据库的逻辑安全。逻辑安全是指保护数据库中的数据不受未经授权的访问、修改或删除。为了实现逻辑安全,可以采取以下措施:

设置严格的用户权限，根据用户的职责和需求，分配不同的访问权限。同时，定期审计用户的操作，及时发现并处理异常行为。对于敏感数据，如个人隐私、商业机密等，可以采用加密技术进行保护。只有授权的人员才能解密和访问这些数据。定期更新和升级数据库软件和安全补丁，以修复已知的安全漏洞，提高系统的安全性。

还可以采取其他措施来增强数据库的安全性：建立完善的审计机制，记录数据库的操作日志，包括用户的登录、查询、修改、删除等操作。通过审计日志，可以及时发现和追踪安全事件，并采取相应的措施。在数据库服务器和客户端之间建立安全的网络连接，采用防火墙、入侵检测系统等技术，防止未经授权的访问和攻击。加强员工的安全意识培训，教育员工正确使用数据库，保护数据库的安全。同时，建立相应的安全管理制度和操作规范，规范员工的行为。

第二节　音频档案数字化

一、音频档案数字化的现实意义

音频档案数字化是将传统的音频档案转化为数字形式，以便于存储、管理和使用。这一过程对于保护和传承人类文化遗产、促进学术研究和教育、提升信息传播效率等方面具有重要的现实意义。

音频档案数字化有助于保护和传承人类文化遗产。音频档案记录了人类社会各个时期的声音，包括语言、音乐、自然声音等，具有重要的历史、文化和艺术价值。然而，传统的音频档案存在着脆弱性和易损性，如磁带的老化、磁头的磨损等。数字化可以将这些音频档案转化为数字形式，通过数字存储媒介进行保存，大大延长了档案的寿命，保护了珍贵的文化遗产。音频档案数字化对于学术研究和教育具有重要意义。音频档案是研究历史、社会学、人类学等学科的重要资料，通过数字化可以方便学者们进行检索、分析和比较。此外，数字化的音频档案可以更好地应用于教育领域，例如，用于教学课件、在线教育平台等，提供了更加直观和生动的教学资源，促进了知识的传播和学习效果的提升。音频档案数字化可以提升信息传播效率。传统的音频档案需要通过物理媒介进行传播，如磁带、光盘等，不仅限制了传播的范围和速度，还容易受到媒介的损坏和丢失。而数字化的音频档案可以通过互联网进行传播，实现了全球范围内的即时共享和访问，大大提高了信息的传播效率和覆盖面，促进了文化的多样性和交流。音频档案数字化还有助于提升档案管理的效率和便利性。传统的音频档案需要进行手工整理和分类，工作量大且容易出错。而数字化的音频档案可以通过标签、元数据等方式进行自动化管理和检索，大大提高了档案管理的效率和准确性。此外，数字化的音频档案可以进行备份和存储，避免了传统档案的丢失和损坏风险，保证了档案的安全性和可持续性。音频档案数字化还有助于推动科技创新和产业发展。音频档案数字化需要借助于各种技术手段，如音频信号处理、数据压缩、存储技术等，推动了相关技术的发展和创新。同时，音频档案数字化也催生了一系列的相关产业，如数字化档案管理系统、数字化音频设备等，为经济发展和就业创造了新的机会和动力。

二、音频档案数字化的原理

（一）采样

采样是指将连续的模拟音频信号在时间上离散化，以便能够用数字形式进行表示和处理。采样原理是基于香农采样定理，也称为奈奎斯特采样定理。该定理指出，如果一个连续时间的信号的最高频率为f，那么为了完全恢复这个信号，采样频率必须大于$2f$。换句话说，采样频率必须至少是信号最高频率的两倍。在音频数字化中，采样频率通常被称为采样率，以赫兹（Hz）为单位。常见的音频采样率有44.1kHz、48kHz和96kHz等。其中，44.1kHz是CD音质的标准采样率，48kHz是广播和电视的标准采样率，96kHz是高保真音频的常见采样率。

采样过程中，音频信号会被周期性地测量和记录。每次采样，系统会记录音频信号的幅度，并将其转换为数字形式。这些数字值被称为采样点。采样点的数量决定了数字音频的分辨率，也称为位深度。常见的位深度有8位、16位和24位等。位深度越高，音频的动态范围越大，音质也越好。在进行采样时，采样点之间的时间间隔称为采样周期。采样周期的倒数就是采样率。例如，对于44.1kHz的采样率，采样周期为1/44100s，约为

22.7μs。因此，系统每隔22.7μs就会对音频信号进行1次采样。

为了保证采样过程的准确性和稳定性，通常会使用专门的模数转换器（ADC）来完成模拟信号到数字信号的转换。ADC将模拟音频信号转换为一系列数字值，这些数字值可以被计算机或其他数字设备进行处理和存储。在实际应用中，采样原理还涉及一些其他的技术和概念。例如，抗混叠滤波器用于去除采样过程中产生的混叠失真。混叠失真是由于采样频率小于信号最高频率时，信号频谱在采样过程中被折叠到低频区域而引起的。抗混叠滤波器可以在采样之前对信号进行预处理，以避免混叠失真的产生。此外，采样原理还涉及量化误差和信噪比等概念。量化误差是指由于位深度限制而引起的数字音频与原始模拟音频之间的差异。信噪比是衡量数字音频质量的重要指标，它表示了音频信号与量化噪声之间的比例关系。信噪比越高，音频质量越好。

（二）量化

量化是将连续的模拟音频信号转换为离散的数字音频信号的过程。在量化过程中，音频信号的幅度被分成一系列离散的级别，每个级别都被分配一个数字值。这些数字值被称为量化级别或量化码字。量化级别的数量决定了数字音频信号的分辨率，也就是能够表示的音频信号的细节程度。

量化的原理可以通过以下步骤来解释：在进行量化之前，需要确定音频信号的量化范围。量化范围是指音频信号的最大幅度和最小幅度之间的差值。通常情况下，音频信号的幅度范围是-1～+1。量化级别的数量决定了数字音频信号的分辨率。分辨率越高，能够表示的音频信号的细节程度越高。量化级别的数量通常是2的整数次幂，例如8位量化有256个级别，16位量化有65536个级别。量化步长是指相邻量化级别之间的幅度差值。量化步长越小，表示的音频信号的细节程度越高。量化步长可以通过量化范围除以量化级别的数量来计算。在进行量化时，音频信号的幅度被分成一系列离散的级别。每个级别都被分配一个数字值，这个数字值被称为量化码字。量化码字通常用二进制表示，例如，8位量化使用8个二进制位表示量化码字。由于量化是将连续的模拟音频信号转换为离散的数字音频信号，因此会引入量化误差。量化误差是指量化后的数字音频信号与原始模拟音频信号之间的差异。量化误差的大小取决于量化级别的数量和量化步长的大小。

（三）编码

编码原理是指将模拟信号的连续变化转换为离散的数字数值表示的方法。脉冲编码调制是一种常用的音频信号数字化编码原理。它将模拟音频信号按照一定的采样频率进行采样，然后将每个采样值量化为离散的数字数值。量化过程中，将模拟信号的幅度映射到一个有限的数值范围内，通常使用二进制表示。量化的精度决定了数字化音频的质量，精度越高，音频质量越好，但同时也会增加数据量。脉冲编码调制扩展是对脉冲编码调制的改进，它通过利用前一采样值和当前采样值之间的差异来减少数据量。ADPCM将差异值进行编码，并将编码后的值与前一采样值相加得到当前采样值。这种编码方法可以在保持一定音频质量的前提下减少数据量，适用于存储和传输带宽有限的场景。

压缩编码是一种通过减少冗余信息来减小数据量的编码方法。在音频档案数字化中，常用的压缩编码方法有无损压缩和有损压缩。无损压缩编码方法可以将音频信号压缩为较小的数据量，同时保持原始音频信号的完整性。常见的无损压缩编码方法有FLAC、ALAC等。这些编码方法通过利用音频信号中的冗余信息，如相邻采样值之间的相关性，来减小数据量。有损压缩编码方法可以进一步减小数据量，但会引入一定的音频质量损失。有损压缩编码方法通过舍弃一些不重要的音频信息来减小数据量。常见的有损压缩编码方法有MP3、AAC等。这些编码方法通过利用人耳对音频信号的感知特性，如掩蔽效应，来减小数据量。在音频档案数字化中，选择合适的编码器对于保证音频质量和减小数据量非常重要。不同的编码器有不同的特点和适用场景。对于要求音频质量较高的场景，如音乐制作和无损音频存储，可以选择无损压缩编码方法，如FLAC、ALAC等。对于要求数据量较小的场景，如音频传输和存储，可以选择有损压缩编码方法，如MP3、AAC等。根据具体需求，可以选择不同的压缩比例来平衡音频质量和数据量。在选择编码器时，还需要考虑设备和平台的兼容性。不同的编码器在不同的设备和平台上的支持程度不同，需要根据具体情况进行选择。

（四）存储

音频档案数字化后的音频信号是以数字形式存储的，因此需要一种存储介质来保存这些数字信号。常见的音频存储介质有磁带、光盘、硬盘等。

1.磁带存储原理

磁带存储是一种常见的数据存储技术，它使用磁性材料制成的磁带来存储数据。磁带存储原理是基于磁性材料的磁化特性和磁头的读写功能。磁带存储的原理可以追溯到20世纪50年代。当时，人们发现磁性材料可以通过磁化来存储数据。磁化是指在磁性材料中形成磁场的过程。磁带存储利用这一原理，通过改变磁性材料中的磁场来表示数据的0和1。磁带存储的磁性材料通常是一种塑料带，其表面涂有磁性材料，如氧化铁。这种磁性材料具有可逆磁化特性，即可以通过外加磁场来改变其磁化方向。磁带上的磁性材料被分成许多小的磁区，每个磁区可以表示一个二进制位。

磁带存储的读写过程涉及磁头的使用。磁头是一种电子器件，它可以感应磁场并将其转换为电信号，或者将电信号转换为磁场。磁带存储中的磁头通常由一个磁芯和一个线圈组成。磁芯是一种磁性材料，它可以感应磁场并将其转换为电信号。线圈则用于产生磁场或感应磁场。在读取数据时，磁头会接触到磁带上的磁区。当磁头接触到一个磁区时，磁芯会感应到磁区中的磁场，并将其转换为电信号。这个电信号可以被放大和解码，以获取磁区所表示的二进制位。通过依次读取磁带上的每个磁区，就可以获取整个数据。在写入数据时，磁头会产生一个磁场，并将其写入磁带上的磁区。这个磁场可以改变磁区中的磁化方向，从而表示数据的0和1。写入数据时，磁头会依次写入每个磁区，以存储整个数据。

磁带存储的优点之一是其存储密度较高。由于磁带是一种连续的媒介，可以在磁带上存储大量的数据。此外，磁带存储还具有较低的成本和较长的寿命。磁带存储设备通常具有较大的存储容量，并且可以长时间保存数据。

2.光盘存储原理

光盘存储原理是指利用光学技术将数据以光的形式存储在光盘上的一种存储方式。光盘存储原理的基本思想是通过激光束的照射和反射来实现数据的读写操作。光盘存储原理主要包括光盘的结构、数据的编码和解码、激光的照射和反射等几个方面。

光盘的结构是光盘存储原理的基础。光盘通常由两层组成,上层是光学层,下层是基板层。光学层是光盘存储的关键部分,它由一层特殊的材料制成,这种材料能够反射激光束。基板层则是用来支撑光学层的,通常由塑料或玻璃制成。数据的编码和解码是光盘存储原理的核心。在光盘上存储的数据是通过一种叫作脉冲码调制(PCM)的编码方式来表示的。PCM是一种将模拟信号转换为数字信号的技术,它将连续的模拟信号分割成一系列离散的采样点,并将每个采样点的幅度值转换为二进制码。解码时,通过对二进制码进行逆转换,可以还原出原始的模拟信号。激光的照射和反射是实现数据读写的关键步骤。在数据写入时,激光束被聚焦到光盘的表面上,通过调节激光的功率和聚焦点的位置,可以在光盘上产生微小的凹坑。这些凹坑的位置和深浅表示了数据的二进制码。在数据读取时,激光束被照射到光盘上,根据凹坑的反射特性,可以判断出数据的二进制码。

光盘存储原理的优点是容量大、读写速度快、可靠性高。光盘的容量通常可以达到几个GB,甚至更多,远远超过了传统的磁盘存储介质。光盘的读写速度也很快,可以达到几十倍甚至更高的速度。此外,光盘的可靠性也很高,由于光盘的材料和结构相对稳定,所以光盘的寿命相对较长,而且对外界的干扰和损坏也相对较小。

3.硬盘存储原理

硬盘存储原理是指硬盘如何将数据存储在其内部的磁盘上的过程。硬盘是一种常见的计算机存储设备,用于长期保存数据。它由一个或多个磁盘组成,每个磁盘都有一个可旋转的盘片,数据通过磁头读写到盘片上。硬盘存储原理主要涉及以下几个方面:磁盘结构、磁道和扇区、磁头和磁道选择、数据的读写过程以及数据的组织和管理。

硬盘的结构主要包括盘片、磁头、主轴和马达等组件。盘片是硬盘的主要存储介质,通常由铝合金或玻璃材料制成,其表面涂有磁性材料。磁头是用于读写数据的装置,它位于盘片的两侧,可以在盘片上移动。主轴和马达则用于控制盘片的旋转速度和磁头的移动。硬盘的存储空间被划分为多个磁道和扇区。磁道是盘片上的一个圆环状区域,每个磁道可以存储一定量的数据。扇区是磁道上的一个小区域，通常大小为512字节或4KB，用于存储一个数据块。磁道和扇区的编号可以唯一地标识硬盘上的每个数据块。硬盘通过磁头和磁道选择来读写数据。磁头可以在盘片上移动，从而选择不同的磁道。当需要读写数据时，磁头会被定位到指定的磁道上，并通过磁场的变化来读取或写入数据。磁头的定位和移动是由硬盘控制器来完成的，它会根据操作系统的指令来控制磁头的移动。数据的读写过程包括寻道、旋转和传输。寻道是指磁头从当前位置移动到目标磁道的过程，它需要一定的时间。旋转是指盘片的旋转，使得目标扇区位于磁头下方，以便进行数据的读写。传输是指数据通过磁头和盘片之间的磁场变化进行读写的过程，数据会被转换成磁信号并存储在盘片上。硬盘上的数据被组织和管理成文件系统。文件系统是一种用于组织和管理文件的方法，它将硬盘上的数据划分为多个文件，并记录文件的位置和属性等信息。文件系统还提供了文件的读写接口，使得用户可以方便地访问和操作文件。

（五）传输

音频档案数字化后的音频信号可以通过各种传输方式进行传输，常见的传输方式有有线传输和无线传输。

1.有线传输原理

有线传输原理是指通过电缆等物理媒介传输信号的一种方式。它是一种可靠、稳定的传输方式，广泛应用于电信、计算机网络、广播电视等领域。有线传输的原理主要涉及信号的传输、调制与解调、传输介质和传输方式等方面。

信号的传输是有线传输的基础。信号可以是模拟信号或数字信号。模拟信号是连续变化的信号，而数字信号是离散的信号。在有线传输中，信号通过电流或电压的变化来传输。模拟信号通过改变电流或电压的大小来表示不同的信号强度，而数字信号通过改变电流或电压的开关状态来表示不同的二进制位。调制与解调是有线传输中的重要环节。调制是将信号转换为适合传输的形式，解调是将传输后的信号恢复为原始信号。调制的方式有多种，常见的有调幅（AM）、调频（FM）和调相（PM）等。解调的方式与调制方式相对应。调制与解调的过程中，需要使用调制器和解调器来完成信号的转换。

传输介质是有线传输的媒介。传输介质可以是电缆、光纤、同轴电缆等。不同的传输介质具有不同的特点和适用范围。电缆是最常见的传输介质,它可以传输模拟信号和数字信号,具有较好的抗干扰能力。光纤是一种高速传输介质,它通过光的传输来实现信号的传输,具有较高的带宽和抗干扰能力。同轴电缆主要用于电视信号的传输,具有较好的抗干扰能力。传输方式是有线传输的方式。常见的传输方式有串行传输和并行传输。串行传输是指将数据位逐个传输,传输速度较慢,但可以减少传输线的数量。并行传输是指同时传输多个数据位,传输速度较快,但需要较多的传输线。传输方式的选择取决于传输的要求和传输介质的特性。

2.无线传输原理

无线传输技术的基本原理是利用电磁波在空间中传播的特性,将信息转换成电磁波信号进行传输。无线传输的过程可以分为3个主要的步骤:调制、传输和解调。

调制是将要传输的信息信号转换成适合无线传输的电磁波信号的过程。调制的目的是将信息信号的频率、幅度或相位等特性转换成与无线传输介质相适应的信号。常见的调制方式包括调幅(AM)、调频(FM)、调相(PM)等。传输是指将调制后的信号通过无线传输介质传送到接收端的过程。无线传输介质可以是空气中的无线电波、红外线或激光等。不同的无线传输介质有不同的传输特性和传输距离。无线传输的距离受到传输介质的衰减、干扰和障碍物等因素的影响。解调是将接收到的无线信号转换成原始信息信号的过程。解调的目的是恢复出传输过程中被调制的信息信号的特性。解调过程需要根据调制方式的不同,采用相应的解调方法。常见的解调方式包括包络检波、频率解调、相位解调等。

无线传输技术的实现主要依靠无线电技术和调制解调技术。无线电技术是指利用电磁波进行无线通信的技术。无线电技术包括无线电发射、接收、调制、解调等方面的技术。调制解调技术是指将信息信号转换成适合无线传输的信号和将接收到的无线信号转换成原始信息信号的技术。无线传输技术的发展离不开无线电频谱资源的管理和分配。无线电频谱是指用于无线通信的一定范围内的频率资源。无线电频谱资源有限,需要进行合理的管理和分配。各国通过制定法律法规和建立专门机构来管理和分配无线电频谱资源,以保障各种无线通信服务的正常运行。

(六)解码和重构

解码和重构是音频数字化的关键步骤,它们将数字信号转换回模拟信号,以便人们能够听到音频内容。

解码的过程是将数字信号转换为模拟信号。数字信号是由一系列离散的采样值组成的,每个采样值表示在特定时间点上的音频信号幅度。解码的目标是通过这些采样值来重建原始的模拟音频信号。解码的基本原理是使用数字信号处理技术对数字信号进行重建。需要将数字信号通过数字到模拟转换器(DAC)转换为模拟信号。DAC将每个采样值转换为相应的模拟信号幅度,以便于模拟音频信号的重建。模拟信号经过滤波器进行滤波,以去除数字信号处理过程中引入的噪声和失真。滤波后的模拟信号通过放大器进行放大,以达到适当的音频信号幅度。

重构的过程是将解码后的模拟信号转换为可听的音频信号。重构的目标是通过模拟信号的放大和滤波来恢复原始的音频信号。重构的基本原理是使用音频放大器和滤波器对模拟信号进行处理。模拟信号经过放大器进行放大,以增加音频信号的幅度,使其能够驱动扬声器或耳机产生可听的声音。放大后的模拟信号经过滤波器进行滤波,以去除可能存在的噪声和失真。滤波器可以根据音频信号的特性进行设计,以确保重构后的音频信号质量良好。

解码和重构的原理是相互关联的,解码过程将数字信号转换为模拟信号,而重构过程将模拟信号转换为可听的音频信号。它们共同构成了音频档案数字化的核心技术,为音频存储、传输和处理提供了基础。

三、音频档案数字化的软、硬件设备

(一)软件设备

1.音频编辑软件

Adobe Audition是一款功能强大的音频编辑软件,其提供了丰富的音频处理工具和效果。它支持多轨录音和混音,可以对音频进行剪切、合并、淡入、淡出等操作。此外,它还提供了噪音消除、均衡器、压缩器等音频处理效果,可以帮助用户提高音频质量。Adobe Audition还支持多种音频格式的导入和导出,方便用户进行音频转换和保存。

Audacity是一款免费开源的音频编辑软件,适用于Windows、Mac和

Linux系统。它提供了基本的音频编辑功能,如剪切、复制、粘贴等。此外,Audacity还支持多轨录音和混音,可以对音频进行多种效果处理,如均衡器、压缩器、混响等。Audacity还支持多种音频格式的导入和导出,方便用户进行音频转换和保存。

Steinberg Cubase是一款专业的音频编辑软件,被广泛应用于音乐制作和录音工作室。它提供了强大的音频处理和混音功能,支持多轨录音和混音。Steinberg Cubase还提供了丰富的音频效果和虚拟乐器,可以帮助用户创造出丰富多样的音乐作品。此外,Steinberg Cubase还支持多种音频格式的导入和导出,方便用户进行音频转换和保存。

Avid Pro Tools是一款专业的音频编辑软件,被广泛应用于音乐制作和录音工作室。它提供了强大的音频处理和混音功能,支持多轨录音和混音。Avid Pro Tools还提供了丰富的音频效果和虚拟乐器,可以帮助用户创造出高质量的音乐作品。此外,Avid Pro Tools还支持多种音频格式的导入和导出,方便用户进行音频转换和保存。

2.音频转换软件

Switch Audio Converter支持几乎所有常见的音频格式。它具有直观的用户界面,使用户可以轻松地导入和导出音频档案。Switch Audio Converter还提供了一些高级功能,如批量转换、音频效果调整和音频标签编辑等。此外,它还支持将音频转换为不同的比特率和采样率,以满足不同的需求。

Freemake Audio Converter支持多种音频格式的导入和导出。它具有简单易用的界面,使用户可以快速进行音频转换。Freemake Audio Converter还提供了一些额外的功能,如音频剪辑、音频合并和音频标签编辑等。此外,它还支持将音频转换为不同的比特率和采样率,并提供了一些预设选项,以便用户快速选择合适的设置。

Media Human Audio Converter支持多种音频格式的导入和导出。它具有简单直观的用户界面,使用户可以轻松地进行音频转换。Media Human Audio Converter还提供了一些高级功能,如音频剪辑、音频合并和音频标签编辑等。此外,它还支持将音频转换为不同的比特率和采样率,并提供了一些预设选项,以便用户快速选择合适的设置。

dBpowerAMP Music Converter支持多种音频格式的导入和导出。它具有强大的功能和灵活的设置选项,使用户可以根据自己的需求进行音频转换。dBpowerAMP Music Converter还提供了一些高级功能,如音频剪辑、音频合并和音频标签编辑等。此外,它还支持将音频转换为不同的比特率和采样率,并提供了一些预设选项,以便用户快速选择合适的设置。

3.音频恢复软件

iZotope RX是一款功能强大的音频修复工具,可以帮助用户去除噪音、修复损坏的音频、提高音频质量等。它具有直观的界面和丰富的功能,包括噪音去除、音频修复、音频增强等。它还提供了一系列高级功能,如频谱编辑、音频分析等,使用户能够更精确地处理音频问题。iZotope RX的优点是功能强大、操作简单,适用于各种音频恢复任务。然而,它的价格较高,对于一般用户来说可能有些昂贵。

Wave Pad是一款免费的音频编辑软件,具有一些基本的音频恢复功能。它可以帮助用户去除噪音、修复损坏的音频等。它的界面简单直观,操作简单,适合初学者使用。

(二)硬件设备

1.音频接口

音频接口是连接音频设备和计算机的接口,它负责将音频信号转换为数字信号,并传输到计算机进行处理和存储。

USB接口是目前最常用的音频接口之一。它具有广泛的兼容性和易用性,几乎所有的计算机和音频设备都支持USB接口。在音频档案数字化中,可以使用USB接口将音频设备(唱机、磁带机等)连接到计算机,通过专业的音频软件将音频信号转换为数字信号,并进行后续的处理和存储。

FireWire接口是一种高速数据传输接口,也被广泛应用于音频档案数字化领域。FireWire接口具有较高的带宽和稳定性,适用于需要高质量音频传输的应用。在音频档案数字化中,可以使用FireWire接口连接音频设备和计算机,实现高速的音频信号传输和处理。

Thunderbolt接口是一种高速数据传输接口,由苹果公司和英特尔公司联合开发。它采用了光纤和电缆的混合传输方式,具有极高的带宽和传输速度。在音频档案数字化中,可以使用Thunderbolt接口连接音频设备和计算机,实现高质量的音频信号传输和处理。

PCI接口是一种用于连接扩展卡的接口,广泛应用于计算机领域。在音频档案数字化中,可以使用PCI接口的音频卡将音频设备连接到计算机,实现高质量的音频信号转换和处理。PCI接口的音频卡通常具有更高的采样率和更低的噪音水平,适用于对音频质量要求较高的应用。

Ethernet接口是一种用于局域网连接的接口,也可以用于音频档案数字化。在音频档案数字化中,可以使用Ethernet接口连接音频设备和计算机,通过网络传输音频信号。这种方式可以实现音频设备的远程控制和音频信号的远程传输,适用于需要远程操作和管理音频档案的应用。

2. 音频采集卡

音频采集卡是一种用于将模拟音频信号转换为数字音频信号的硬件设备。其基本原理是通过采样和量化将模拟音频信号转换为数字音频信号,并通过接口与计算机或其他数字设备进行连接。音频采集卡的采样率决定了其对音频信号的采样精度。常见的采样率有44.1kHz、48kHz等。采样率越高,音频信号的还原度越高,但同时也会增加数据量和存储空间的需求。音频采集卡的量化位数决定了其对音频信号的分辨率。常见的量化位数有16位、24位等。量化位数越高,音频信号的动态范围越大,还原度越高,但同时也会增加数据量和计算复杂度。

根据接口类型的不同,音频采集卡可以分为内置型和外置型两种。内置型音频采集卡是直接插在计算机主板上的扩展卡,通常使用PCI或PCIe接口。这种采集卡具有较高的采样率和量化位数,适用于专业音频录制和处理。外置型音频采集卡是通过USB、FireWire等接口与计算机连接的外部设备。这种采集卡通常体积小巧,便于携带和使用,适用于个人用户和移动应用。音频采集卡不仅可以实现音频信号的采集和转换,还具有多种功能,如混音、回放、实时监控等。混音功能可以将多个音频信号进行混合,实现多轨音频的录制和编辑。回放功能可以将数字音频信号转换为模拟音频信号,通过扬声器或耳机进行播放。实时监控功能可以实时监听音频信号,方便用户进行调试和控制。

3. 音频转换器

音频转换器的原理是通过采样和量化将连续的模拟音频信号转换为离散的数字音频信号。采样是指以一定的时间间隔对音频信号进行取样,将其离散化。量化是指将每个取样点的幅度值转换为离散的数值。这样,就可以将模拟音频信号转换为数字音频信号,以便在计算机上进行存储和处理。

音频转换器通常由两个主要组件组成:模数转换器(ADC)和数模转换器(DAC)。ADC负责将模拟音频信号转换为数字音频信号,而DAC负责将数字音频信号转换为模拟音频信号。这两个组件通常集成在一起,形成一个完整的音频转换器。在音频转换器中,采样率和位深度是两个重要的参数。采样率指的是每秒钟采样的次数,常用的采样率有44.1kHz、48kHz等。位深度指的是每个采样点的量化位数,常用的位深度有16位、24位等。采样率和位深度的选择会影响音频质量和文件大小,一般来说,较高的采样率和位深度可以提供更好的音频质量,但也会增加文件的大小。音频转换器可以通过多种接口与计算机或其他数字设备连接,常见的接口有USB、FireWire和光纤等。这些接口可以提供高速的数据传输,以确保音频信号的准确性和完整性。

音频转换器在音频档案数字化中起着至关重要的作用。通过将传统的模拟音频信号转换为数字音频信号,可以实现音频档案的长期保存和高效管理。数字音频信号可以进行复制、备份和传输,而且不会受到时间和环境的影响。此外,数字音频信号还可以进行编辑、修复和增强,以提高音频质量和可用性。

4.音频处理器

音频档案数字化的音频处理器是一种用于将传统的音频档案转换为数字格式的设备或软件。它们通常包括一系列的音频处理功能,以提高音频质量和可听性。音频档案数字化的音频处理器通常包括以下功能:去噪是指去除音频信号中的噪音和杂音。音频处理器会分析音频信号的频谱特征,将噪音和杂音的频率范围进行滤波处理,以减少它们的影响。去混响是指去除音频信号中的混响效果。混响是由于声音在空间中的反射和衍射引起的,会使得音频信号变得模糊和不清晰。音频处理器会模拟混响的特性,并将其从音频信号中减去,以提高音频的可听性。均衡器是一种调节音频频谱的工具。音频处理器可以根据用户的需求调整不同频段的增益,以改变音频信号的音色和平衡。压缩和限幅是用于控制音频信号动态范围的工具。压缩可以减小音频信号的动态范围,使得音量变化更加平缓,以避免音频过于尖锐或过于柔和。限幅可以限制音频信号的最大幅度,以防止音频失真或损坏扬声器。编码是将数字音频信号转换为特定格式的过程,解码是将特定格式的音频信号转换为数字音频信号的过程。音频处理器可以支持多种音频编码格式,如MP3、AAC等。

5.音频存储设备

(1)硬盘驱动器(HDD)是一种常见的音频存储设备,它使用磁性材料来存储数据。HDD具有较大的存储容量和较低的成本,适用于大规模音频档案的存储。它可以连接到计算机或服务器上,通过文件系统进行管理和访问。然而,HDD存在机械运动部件,容易受到震动和冲击的影响,可能导致数据损坏或丢失。

(2)固态硬盘(SSD)是一种使用闪存存储数据的音频存储设备。相比于HDD,SSD具有更快的读写速度和更低的能耗。它没有机械运动部件,因此更耐震动和冲击。SSD的存储容量相对较小,成本也较高,适用于小规模音频档案的存储。SSD可以连接到计算机或服务器上,通过文件系统进行管理和访问。

(3)光盘是一种使用激光技术读写数据的音频存储设备。光盘具有较大的存储容量和较低的成本,适用于中小规模音频档案的存储。光盘分为CD、DVD和蓝光光盘(BD)等不同类型,存储容量和读写速度各有不同。光盘需要使用光盘驱动器进行读写,光盘驱动器可以连接到计算机或服务器上,通过文件系统进行管理和访问。

(4)云存储是一种将音频档案存储在互联网上的音频存储设备。云存储具有无限的存储容量和高度的可扩展性,适用于大规模音频档案的存储。用户可以通过互联网访问云存储中的音频档案,无须安装额外的硬件设备。云存储提供了数据备份和恢复功能,可以有效地保护音频档案的安全性。

(5)磁带是一种使用磁性材料存储数据的音频存储设备。磁带具有较大的存储容量和较低的成本,适用于大规模音频档案的长期存储。磁带的读写速度较慢,需要使用磁带驱动器进行读写,磁带驱动器可以连接到计算机或服务器上,通过文件系统进行管理和访问。磁带具有较长的数据保持期限,适用于需要长期保存的音频档案。

四、音频档案数字化处理的步骤

(一)收集音频档案

收集音频档案的方法多种多样,可以根据实际情况选择适合的方法。通过现场录音的方式,可以直接记录音频档案。这种方法适用于音乐会、戏剧演出、讲座等现场活动,可以保留原始的音频效果和现场氛围。将传统的音频载体,如磁带、唱片等,通过专业的设备转录为数字形式。这种方法适用于已有的音频档案,可以将其转化为数字形式进行保存和管理。与相关机构、个人合作,共同收集音频档案。可以与博物馆、图书馆、音乐学院、艺术团体等合作,共同收集音频档案,充分利用各方资源和专业知识。鼓励个人捐赠音频档案,可以通过宣传、征集等方式,吸引个人将自己珍藏的音频档案捐赠给相关机构,丰富音频档案的内容和种类。

在收集音频档案的过程中,需要注意以下几个方面。在收集音频档案时,要注意尊重原作者的版权,遵守相关法律法规。如果涉及版权问题,应与相关权利人进行合作或取得授权。收集音频档案时,要注意保证音频档案的质量。可以通过专业的设备和技术手段,确保音频档案的清晰度、完整性和可听性。在收集音频档案时,要注意记录相关的元数据信息,如录制时间、地点、演出者、内容摘要等。这些元数据信息对于后期的管理和利用非常重要。收集音频档案时,要注意保持多样性和代表性。

(二)音频清洁与转换

音频清洁是指通过一系列的处理方法去除音频中的噪音、杂音和其他干扰,使得音频更加清晰和可听。音频清洁的目的是提高音频的质量和可理解性,使得用户能够更好地听到音频中的内容。音频清洁的方法有很多种,常用的包括:通过使用降噪滤波器或者噪音抑制算法去除音频中的噪音。这些噪音可以是来自录音设备、环境噪音或者其他干扰。杂音是指音频中的非期望声音,如电磁干扰、电流噪声等。通过使用滤波器或者其他消除杂音的方法,可以减少或者去除这些杂音。有些音频档案可能因为年代久远或者存储条件不好而受损。通过使用修复工具和算法,可以修复这些损坏的音频,使其恢复到原始的状态。有些音频可能存在音量不均衡的问题,即某些部分的音量过大或者过小。通过使用音频平衡器,可以调整音频的平衡,使得各个部分的音量均衡。

音频转换是将音频从一种格式转换为另一种格式的过程。常见的音频格式包括WAV、MP3、FLAC等。音频转换的目的是使得音频可以在不同的设备和平台上播放和传播。音频转换的方法有很多种,常用的包括不同的音频格式使用不同的编码方式来存储音频数据。通过使用编码转换器,可以将音频从一种编码方式转换为另一种编码方式。音频的采样率表示每秒钟采集的样本数。不同的设备和平台支持的采样率可能不同。通过使用采样率转换器,可以将音频的采样率转换为适合目标设备和平台的采样率。音频的通道数表示同时播放的声道数。有些设备和平台只支持特定的通道数。通过使用通道转换器,可以将音频的通道数转换为适合目标设备和平台的通道数。有些音频格式采用了压缩算法来减小音频文件的大小。通过使用压缩转换器,可以将音频从一种压缩格式转换为另一种压缩格式,以便于存储和传输。

(三)音频元数据添加

音频档案数字化处理中的音频元数据添加是指在音频文件中添加一些描述性信息,以便于管理、检索和使用这些档案。音频元数据可以包括各种信息,如文件名称、文件格式、录制日期、录制地点、录制设备、演奏者、作曲家、歌曲名称、专辑名称等。

为了方便管理和检索,每个音频档案都应该有一个唯一的文件名称。文件名称可以根据档案的内容、来源、日期等进行命名,以便于快速识别和查找。音频档案可以有多种格式,如MP3、WAV、FLAC等。在音频元数据中添加文件格式信息可以帮助用户了解档案的兼容性和质量。音频档案的录制日期和地点是非常重要的信息,可以帮助用户了解档案的历史背景和背景音乐。这些信息可以通过录制设备或其他来源进行记录。音频档案的录制设备是指用于录制音频的设备,如麦克风、录音机、数字音频接口等。在音频元数据中添加录制设备信息可以帮助用户了解档案的录制方式和质量。对于音乐档案来说,演奏者和作曲家是非常重要的信息。在音频元数据中添加演奏者和作曲家信息可以帮助用户了解档案的艺术家和创作背景。

对于音乐档案来说,歌曲名称和专辑名称也是非常重要的信息。在音频元数据中添加歌曲名称和专辑名称可以帮助用户了解档案的内容和来源。音频档案的长度和比特率是指音频的时长和每秒传输的比特数。在音频元数据中添加音频长度和比特率信息可以帮助用户了解档案的时长和质量。音频档案可以根据内容和类型进行标签和分类。在音频元数据中添加音频标签和分类信息可以帮助用户快速找到所需的档案。音频档案可能涉及版权问题,因此在音频元数据中添加版权信息是非常重要的。版权信息可以包括版权所有者、使用许可和使用限制等。音频档案可能有一些特殊的备注和描述信息,如档案的特点、历史背景、使用注意事项等。在音频元数据中添加备注和描述信息可以帮助用户更好地理解和使用档案。

(四)音频存储和备份

音频存储是指将数字化处理后的音频档案保存在合适的介质中,以便长期保存和方便使用。常见的音频存储介质包括硬盘、光盘、磁带和云存储等。硬盘存储是目前最常用的音频存储方式之一。硬盘具有容量大、读写速度快、可靠性高等优点,适合存储大量的音频档案。硬盘存储可以分为内部硬盘和外部硬盘两种形式。内部硬盘适合用于档案库等需要长期保存的音频档案,而外部硬盘则适合用于备份和临时存储。光盘存储是一种较为传统的音频存储方式,它具有容量大、耐久性好、价格低廉等优点。常见的光盘包括CD、DVD和蓝光光盘(BD)等。光盘存储适合用于长期保存的音频档案,但由于光盘的读写速度较慢,不适合频繁读取和修改。磁带存储是一种传统的音频存储方式,它具有容量大、价格低廉、可靠性高等优点。磁带存储适合用于大规模音频档案的长期保存,但由于磁带的读写速度较慢,不适合频繁读取和修改。云存储是一种新兴的音频存储方式,它将音频档案保存在云服务器上,用户可以通过网络随时访问和管理这些档案。云存储具有容量大、可靠性高、灵活性强等优点,适合用于多地点协作和远程访问的场景。但同时也存在数据安全和隐私保护等问题,需要注意保护用户的音频档案不被非法获取和篡改。

音频备份是指将音频档案的副本保存在其他介质中,以防止原始档案的丢失或损坏。音频备份的目的是保证音频档案的安全性和可靠性,以便在原始档案丢失或损坏时进行恢复。冷备份是指将音频档案的副本保存在离线介质中,如硬盘、光盘、磁带等。冷备份具有容量大、可靠性高的特点,但恢复速度较慢,适合用于长期保存和灾难恢复。热备份是指将音频档案的副本保存在在线介质中,如硬盘、云存储等。热备份具有恢复速度快、可靠性高的特点,但成本较高,适合用于频繁访问和即时恢复的场景。增量备份是指只备份音频档案的增量部分,而不是整个档案。增量备份可以节省存储空间和备份时间,但恢复时需要先恢复完整的基础备份,再逐步恢复增量备份。定期备份是指按照一定的时间间隔进行备份,如每天、每周或每月备份一次。定期备份可以保证音频档案的及时备份,但也可能导致备份不完整或遗漏的问题,需要注意备份策略的合理性。

在进行音频存储和备份时,需要注意以下几个方面:根据音频档案的容量、访问频率和安全性要求,选择合适的存储介质。根据音频档案的数量和大小,合理规划存储空间,避免存储空间不足或浪费的问题。根据音频档案的重要性和变化频率,制定合理的备份策略,包括备份频率、备份方式和备份位置等。加强音频档案的数据安全和隐私保护,采取合适的加密和权限控制措施,防止数据泄露和非法访问。定期检查存储介质的健康状况,及时修复和更换损坏的介质,确保音频档案的长期保存和可靠性。

(五)音频访问和传播

音频访问是指用户通过特定的技术手段获取数字化音频档案的过程。传统的音频访问方式主要是通过物理介质,如磁带、唱片等进行播放。而数字化处理后的音频档案可以通过计算机、移动设备等电子设备进行访问。音频传播则是指将数字化音频档案传递给用户的过程,可以通过网络、广播、电视等媒介进行传播。

音频档案可以通过互联网进行传输,用户可以通过浏览器、移动应用等方式进行访问和播放。网络传输技术的发展使得音频访问和传播更加便捷和广泛。音频档案的数字化处理需要进行数据压缩,以减小文件大小,提高传输效率。常用的音频压缩格式有MP3、AAC等,这些格式可以在保证音质的前提下,将音频文件压缩到较小的体积。数字化音频档案需要进行存储,以便于访问和传播。存储技术的发展使得音频档案可以以较低的成本进行大规模存储,如硬盘、闪存等。音频档案的访问和传播需要保护用户的隐私和版权。数据加密技术可以对音频档案进行加密,只有授权用户才能进行访问和传播。

五、音频档案数字化的文件格式选择

(一)音频文件格式

1.WAV音频格式

WAV是一种无损音频文件格式,由微软公司和国际商业机器公司(简称IBM)共同开发。它是一种容器格式,用于存储音频数据,通常用于存储未经压缩的音频。WAV文件可以包含各种音频编码,如PCM(脉冲编码调制)、ADPCM(自适应差分脉冲编码调制)和MP3等。WAV文件的特点是音质高、无损压缩、文件较大。它可以存储多个通道的音频数据,支持不同的采样率和位深度。常见的采样率有8kHz、16kHz、32kHz、44.1kHz和48kHz,位深度通常为8位、16位、24位和32位。WAV文件还可以包含附加信息,如音频标签、循环信息和块数据等。

WAV文件的结构比较简单,由多个块组成。每个块由一个4字节的标识符和一个4字节的长度字段组成。常见的块包括RIFF块、格式块、数据块和标记块。RIFF块是WAV文件的头部,用于标识文件类型和文件大小。格式块包含音频编码的详细信息,如采样率、位深度和通道数等。数据块包含实际的音频数据。标记块用于存储附加信息。WAV文件可以通过多种方式进行编码和解码。最常见的是使用PCM编码,即将模拟音频信号转换为数字音频信号。PCM编码是一种无损编码,可以完全还原原始音频信号。其他常见的编码方式包括ADPCM和MP3。ADPCM是一种有损编码,可以在一定程度上减小文件大小,但会引入一定的失真。MP3是一种有损编码,可以显著减小文件大小,但会引入更多的失真。

尽管WAV文件具有许多优点,但也存在一些限制。由于其无损压缩的特性,WAV文件的文件大小通常较大,占用存储空间较多。这使得WAV文件在网络传输和存储方面不太适用。为了解决这个问题,人们通常会将WAV文件转换为其他压缩格式,如MP3或AAC。此外,WAV文件也不支持版权保护和数字签名等功能。

2.MP3音频格式

MP3音频格式是一种常见的数字音频压缩格式,它是由MPEG组织开发的。MP3是“MPEG-1AudioLayer3”的缩写,它是MPEG-1标准中的一部分,于1993年发布。MP3格式的出现给音频传输和存储带来了革命性的变化，它可以将音频数据压缩到原始大小的10%左右，同时保持高质量的音频效果。MP3音频格式的原理是通过去除人耳听不到或者听力不敏感的音频信号，从而减小音频文件的大小。人耳对于低频和高频的敏感度相对较低，而对于中频的敏感度相对较高。因此，MP3格式通过将音频信号分解成不同的频率区间，然后去除低频和高频区间的信号，只保留中频区间的信号，从而实现音频压缩。

MP3格式的优点是压缩率高，音质相对较好。由于MP3格式可以将音频数据压缩到原始大小的10%左右，因此它在音频传输和存储中占用的空间较小，方便传输和存储。同时，MP3格式的音质相对较好，对于大多数人来说，难以察觉到与原始音频的差异。然而，MP3格式也存在一些缺点。首先，由于压缩算法的特性，MP3格式会引入一定的失真，尤其是在低比特率下。其次，MP3格式不支持无损音频压缩，即无法还原原始音频的所有细节。此外，由于MP3格式的广泛使用，一些音频压缩软件和设备可能存在兼容性问题。

3.FLAC音频格式

FLAC是一种无损音频压缩格式，它能够将音频文件压缩至原始文件大小的一半，同时保持音频质量不受损失。FLAC格式的音频文件拥有高保真度和高压缩比，因此被广泛用于音乐存储和传输。

FLAC格式通过无损压缩算法将音频文件压缩至原始文件大小的一半，同时不损失任何音频质量。这意味着FLAC格式的音频文件与原始音频文件完全一致，没有任何数据丢失。由于FLAC格式的音频文件是无损压缩的，所以它们能够保持原始音频文件的高音质。FLAC格式支持高位深度和高采样率，能够提供更加细腻和精确的音频表现。FLAC格式的音频文件可以在多个操作系统和设备上播放，包括Windows、Mac、Linux、iOS和Android等。大多数音乐播放器和音频编辑软件都支持FLAC格式。FLAC格式支持元数据标签，可以包含音频文件的艺术家、专辑、曲目、流派等信息。这些标签可以帮助用户更好地组织和管理音频文件。FLAC格式的音频文件可以被无损解压缩为原始音频文件，完全恢复原始音频质量。这使得FLAC格式成为数字音乐存储的理想选择，用户可以随时解压缩文件以获取最佳音质。

尽管FLAC格式具有许多优点，但也存在一些限制。首先，FLAC格式的音频文件相对于其他压缩格式来说仍然较大,因此在存储和传输方面可能需要更多的空间和带宽。其次,FLAC格式的音频文件在解码和播放时需要更多的计算资源,因此可能需要更高性能的设备来实现流畅的播放。

4.AAC音频格式

AAC是一种高级音频编码格式,它是一种数字音频压缩算法,用于将音频数据压缩为更小的文件大小,同时保持高质量的音频。AAC是一种广泛使用的音频格式,常用于音乐、视频、广播和流媒体等领域。AAC的发展历史可以追溯到20世纪90年代,最初是由德国FraunhoferIIS和AT&T贝尔实验室合作开发的。它是MPEG-2标准的一部分,后来也成为MPEG-4和HE-AAC标准的一部分。相比于MP3格式,AAC具有更高的压缩效率和更好的音频质量。AAC采用了更先进的音频编码技术,能够提供更好的音频细节和更广的频率响应范围。它能够在相同比特率下提供更好的音质,或者在相同音质下使用更低的比特率,从而减小文件大小。

AAC支持多种比特率和声道配置,可以根据不同的需求进行调整。它支持立体声、环绕声和多声道音频编码,可以提供更丰富的音频体验。此外,AAC还支持可变比特率(VBR)编码,可以根据音频内容的复杂性动态调整比特率,以获得更好的音质和更小的文件大小。AAC还具有较低的延迟和较高的容错性。它可以在较低的比特率下提供较好的音频质量,适用于低带宽网络环境下的音频传输。此外,AAC还支持多种错误修复技术,可以在数据传输过程中修复丢失或损坏的音频数据,提高音频传输的可靠性。

由于其高压缩效率和高音频质量,AAC成了许多音频和视频应用的首选格式。它广泛应用于音乐播放器、移动设备、数字电视、广播、流媒体和互联网音频等领域。许多音频编码器和解码器都支持AAC格式,使得用户可以方便地使用和传输AAC音频文件。

(二)音频文件格式选择的考虑因素

1.音质要求

音频的采样率决定了每秒钟采样的次数,位深度决定了每个采样点的精度。较高的采样率和位深度可以提供更高质量的音频,但也会增加文件大小。因此,需要根据实际需求来选择合适的采样率和位深度。音频文件可以使用无损压缩或有损压缩算法进行压缩。无损压缩可以保持音频的原始质量,但文件大小较大。有损压缩可以显著减小文件大小,但会损失一定的音质。根据实际需求,需要权衡文件大小和音质之间的平衡,选择合适的压缩算法。不同的音频文件格式支持不同的音频编码格式。一些常见的音频编码格式包括MP3、AAC、FLAC、WAV等。这些编码格式有不同的特点和音质表现,需要根据实际需求选择合适的编码格式。

2.存储空间

比特率是指每秒钟传输的比特数,也可以理解为音频的数据量。较高的比特率会导致更高的音质,但也会占用更多的存储空间。选择适当的比特率可以在音质和存储空间之间找到平衡。采样率是指每秒钟对声音信号进行采样的次数。较高的采样率可以提供更高的音质,但也会增加文件的大小。选择适当的采样率可以在音质和存储空间之间进行权衡。音频文件格式可能对频谱范围进行限制,即能够表示的音频频率范围。某些格式可能只能表示较低频率的音频,而某些格式则可以表示更广泛的频率范围。选择适当的频谱范围可以根据音频内容的需求来决定。音频文件格式通常使用文件容器来存储音频数据和元数据。不同的文件容器有不同的特点,包括文件头大小、元数据支持、错误恢复能力等。选择适当的文件容器可以根据存储空间的需求和文件的使用方式来决定。

3.兼容性

兼容性指的是音频文件格式在不同的设备、软件和平台上的可读性和可播放性。不同的设备可能支持不同的音频文件格式。例如,一些设备可能只支持常见的音频格式,如MP3和WAV,而不支持较为冷门的格式,如FLAC和ALAC。因此,在选择音频文件格式时,需要考虑目标设备的支持情况,以确保文件可以在设备上正常播放。不同的音频播放器和编辑软件可能对不同的音频文件格式支持程度不同。有些软件可能只支持特定的格式,而对其他格式的支持较差。因此,在选择音频文件格式时,需要考虑目标软件的支持情况,以确保文件可以在软件中正常打开和编辑。不同的操作系统和平台对音频文件格式的支持也可能有所不同。例如,某些格式可能在Windows系统上得到广泛支持,但在Mac系统上可能不太常见。因此,在选择音频文件格式时,需要考虑目标平台的支持情况,以确保文件可以在平台上正常使用。不同的音频文件格式对文件大小和压缩率的处理方式也不同。一些格式可能会对音频文件进行较大程度的压缩,从而减小文件大小，但可能会导致音质损失。而另一些格式可能会对音频文件进行较少的压缩，从而保持较高的音质，但可能会导致文件较大。因此，在选择音频文件格式时，需要根据具体需求平衡文件大小和音质。音频文件格式的兼容性还需要考虑未来的发展趋势。一些格式可能已经过时或不再被广泛支持，而另一些格式可能是新兴的、具有潜力的格式。因此，在选择音频文件格式时，需要考虑其未来的发展前景，以避免选择一个即将被淘汰的格式。

4. 可编辑性

可编辑性指的是在文件格式中可以对音频进行编辑、修改和处理的能力。音频文件格式中的编码格式决定了音频数据的压缩方式和解码方式。一些音频编码格式，如MP3、AAC等是有损压缩格式，它们可以实现较高的压缩比，但在编辑时会有一定的限制。另一些音频编码格式，如WAV、AIFF等是无损压缩格式，它们保留了音频数据的原始质量，可以进行更多的编辑和处理。音频文件格式中的采样率和位深度决定了音频数据的精度和质量。较高的采样率和位深度可以提供更高的音频质量，但也会增加文件的大小。在编辑音频时，较高的采样率和位深度可以提供更多的编辑空间和精细度。不同的音频文件格式对编辑功能的支持程度不同。一些音频文件格式，如WAV、AIFF等支持多种编辑功能，如剪切、复制、粘贴、混音等。而一些有损压缩格式，如MP3、AAC等对编辑功能的支持较有限，可能只支持简单的剪切和合并操作。选择音频文件格式时还需要考虑编辑软件对不同文件格式的支持程度。一些编辑软件可能对某些音频文件格式有更好的兼容性和支持，可以提供更多的编辑功能和更高的编辑效率。音频文件的大小和传输速度也是选择音频文件格式时需要考虑的因素。有损压缩格式通常可以实现较高的压缩比，可以减小文件的大小和传输的时间。而无损压缩格式通常会增加文件的大小和传输的时间，但可以保留音频数据的原始质量。

5. 版权保护

版权保护是指对音频内容的创作权和使用权进行合法保护，以防止未经授权的复制、传播和使用。一些音频文件格式支持数字版权管理技术，可以对音频内容进行加密和控制访问权限。这样可以防止未经授权的复制和传播，保护音频内容的版权。一些音频文件格式支持数字水印技术，可以在音频文件中嵌入不可见的标识信息。这样即使音频文件被复制和传播，版权信息仍然可以被追踪和识别，保护音频内容的版权。一些音频文件格式使用强大的加密算法来保护音频内容的安全性。这样即使音频文件被盗取，未经授权的用户也无法解密和使用音频内容。一些音频文件格式支持数字签名技术，可以对音频文件进行签名和验证。这样可以确保音频文件的完整性和真实性，防止篡改和伪造。一些音频文件格式支持授权管理功能，可以对音频内容的使用进行控制和管理。这样可以限制音频内容的使用范围和方式，保护版权利益。一些音频文件格式需要使用特定的数字著作权管理系统来实现版权保护。这些系统可以对音频内容进行加密、授权和控制访问权限，保护版权利益。一些音频文件格式具有特殊的盗版防护机制，可以防止音频内容被非法复制和传播。这些机制可以在音频文件中嵌入特殊的标识信息，或者限制音频文件的复制和传播次数。

第三节 视频档案数字化

一、视频档案数字化软、硬件的配置

（一）软件配置

1.视频编辑软件

视频编辑软件可以帮助用户对视频进行剪辑、修复、转码等操作，提高视频的质量和可用性。

Adobe Premiere Pro被广泛应用于电影、电视和网络视频制作领域。它提供了丰富的剪辑、修复、特效和转码功能，可以满足各种视频编辑需求。Adobe Premiere Pro支持多种视频格式，包括常见的MP4、AVI、MOV等，也支持高清和4K视频的编辑。此外，Adobe Premiere Pro还提供了一系列的调色工具，可以对视频的色彩进行精细调整，提高视频的质量。

Final Cut Pro适用于Mac操作系统。它具有直观的用户界面和强大的编辑功能，可以对视频进行剪辑、修复、特效和转码等操作。Final Cut Pro支持多种视频格式，包括常见的MP4、AVI、MOV等，也支持高清和4K视频的编辑。此外，Final Cut Pro还提供了一系列的调色工具和音频处理工具，

可以对视频的色彩和音频进行精细调整，提高视频的质量。

Da Vinci Resolve被广泛应用于电影和电视制作领域。它提供了强大的剪辑、修复、特效和调色功能，可以满足各种视频编辑需求。Da Vinci Resolve支持多种视频格式，包括常见的MP4、AVI、MOV等，也支持高清和4K视频的编辑。此外，Da Vinci Resolve还提供了一系列的调色工具，可以对视频的色彩进行精细调整，提高视频的质量。

Avid Media Composer被广泛应用于电影和电视制作领域。它提供了丰富的剪辑、修复、特效和转码功能，可以满足各种视频编辑需求。Avid Media Composer支持多种视频格式，包括常见的MP4、AVI、MOV等，也支持高清和4K视频的编辑。此外，Avid Media Composer还提供了一系列的调色工具和音频处理工具，可以对视频的色彩和音频进行精细调整，提高视频的质量。

Sony Vegas Pro被广泛应用于电影、电视和网络视频制作领域。它提供了丰富的剪辑、修复、特效和转码功能，可以满足各种视频编辑需求。Sony Vegas Pro支持多种视频格式，包括常见的MP4、AVI、MOV等，也支持高清和4K视频的编辑。此外，Sony Vegas Pro还提供了一系列的调色工具和音频处理工具，可以对视频的色彩和音频进行精细调整，提高视频的质量。

2.视频转码软件

视频转码软件能够将不同格式的视频文件转换为标准的数字视频格式，以便于后续的存储、编辑和播放。

FFmpeg支持多种视频格式的转换，包括常见的AVI、MP4、MOV等。FFmpeg具有强大的功能和灵活的配置选项，可以满足不同用户的需求。它可以将视频转码为不同的编码格式，调整视频的分辨率、帧率和比特率等参数，还可以添加水印、剪辑视频等操作。FFmpeg支持命令行操作，适合有一定技术基础的用户使用。

Hand Brake支持多种视频格式的转换，包括DVD、Blu-ray、MP4、MKV等。Hand Brake具有简洁的界面和易于使用的功能，适合普通用户使用。它提供了一些预设的转码选项，用户可以根据自己的需求选择合适的预设，也可以自定义转码参数。Hand Brake还支持批量转码和视频剪辑等功能，方便用户进行批量处理和简单编辑。

Avidemux支持多种视频格式的转换，包括AVI、MP4、MKV等。Avidemux具有简洁的界面和易于使用的功能，适合普通用户使用。它提供了一些预设的转码选项，用户可以根据自己的需求选择合适的预设，也可以自定义转码参数。Avidemux还支持视频剪辑、滤镜效果和字幕添加等功能，方便用户进行简单的编辑和处理。

3.视频压缩软件

Adobe Media Encoder支持多种视频格式的压缩和转换，具有丰富的功能和灵活的配置选项。Adobe Media Encoder支持多种视频编码格式，如H.264、H.265、MPEG-4等，可以根据具体需求选择合适的编码格式进行压缩。此外，Adobe Media Encoder还支持多种音频编码格式，如AAC、MP3等，可以对音频进行压缩和转换。Adobe Media Encoder支持多种视频和音频编码格式，可以满足各种不同的压缩需求。它还具有直观的界面和易于使用的操作，适合专业用户使用。然而，由于其功能复杂，使用起来相对较为复杂，需要一定的技术知识和经验。

XMedia Recode具有简洁的界面和易于使用的操作，适合初学者使用。XMedia Recode支持多种视频编码格式，如H.264、H.265、MPEG-4等，可以根据具体需求选择合适的编码格式进行压缩。XMedia Recode的优点是界面简洁、操作易于上手，适合初学者使用。它还具有多种预设选项，可以快速选择合适的压缩设置。然而，由于其功能相对较少，不支持一些高级的压缩选项，对于一些特殊需求可能无法满足。

4.视频播放软件

VLC媒体播放器支持几乎所有主流的音视频格式。VLC可以播放几乎所有主流的音视频格式，包括MPEG-2、MPEG-4、H.264、MKV、WebM、WMV、MP3等。无论是高清视频还是4K视频，都可以轻松播放。VLC媒体播放器支持Windows、Mac、Linux等多个操作系统，用户可以在不同的平台上使用相同的软件进行视频播放，方便实用。VLC媒体播放器不仅可以播放视频，还支持音频播放、网络流媒体播放、DVD播放等功能。用户可以根据自己的需求选择不同的功能。VLC媒体播放器提供了丰富的界面设置选项，用户可以根据自己的喜好自定义播放界面，包括皮肤、字体、颜色等。

PotPlayer支持硬件加速解码，可以播放高清视频和4K视频，画面清晰流畅。同时,它还支持3D视频播放,为用户提供更加震撼的观影体验。PotPlayer支持几乎所有主流的音视频格式,包括AVI、MP4、MKV、FLV、MP3等。用户可以轻松播放各种格式的视频文件。PotPlayer内置了多种滤镜和特效,用户可以根据自己的需求进行调整,改善视频的画质和音质。PotPlayer可以自动搜索并加载视频的字幕文件,用户无须手动添加字幕,方便实用。

Windows Media Player是Windows操作系统的默认媒体播放软件,用户无额外安装,可以直接使用。它与Windows操作系统紧密集成,具有良好的兼容性和稳定性。Windows Media Player的界面简洁明了、操作简单、易上手。用户可以通过拖拽文件或者点击按钮来进行视频播放,非常方便实用。Windows Media Player支持多种音视频格式,包括WMV、AVI、MP4、MOV等。用户可以轻松播放各种格式的视频文件。Windows Media Player不仅可以播放视频,还可以管理用户的音乐、图片等多媒体文件。用户可以通过它来整理和管理自己的多媒体库。

KMPlayer提供了多样的界面设置选项,用户可以根据自己的喜好自定义播放界面,包括皮肤、字体、颜色等。同时,它还支持多种播放模式,用户可以根据自己的需求选择不同的模式。KMPlayer支持几乎所有主流的音视频格式,包括AVI、MP4、MKV、FLV、MP3等。用户可以轻松播放各种格式的视频文件。KMPlayer不仅可以播放视频,还支持音频播放、网络流媒体播放、DVD播放等功能。用户可以根据自己的需求选择不同的功能。KMPlayer支持多种语言界面,用户可以选择自己熟悉的语言进行使用。

(二)硬件配置

1.电脑和服务器

视频档案数字化需要进行大量的图像和视频处理,因此需要选择一款性能强劲的处理器。目前,市场上常见的处理器有IntelCorei5和i7系列,或者AMDRyzen系列。视频档案数字化过程中需要同时处理大量的数据,因此需要足够的内存来支持。一般来说,8GB或以上的内存可以满足大部分的需求。视频档案通常占用较大的存储空间,因此需要选择足够大的硬盘来存储。可以选择机械硬盘或者固态硬盘,固态硬盘的读写速度更快,但价格相对较高。视频档案数字化过程中需要进行图像和视频处理,因此需要选择一款性能较好的显卡。可以选择NVIDIAGeForce系列或者AM-

DRadeon系列的显卡。选择一款分辨率较高的显示器可以提高工作效率。一般来说,27in.以上的显示器可以满足大部分需求。

服务器需要处理大量的数据和请求,因此需要选择一款性能强劲的处理器。可以选择IntelXeon系列或者AMDEPYC系列的处理器。服务器需要同时处理大量的数据和请求,因此需要足够大的内存来支持。一般来说,16GB或以上的内存可以满足大部分的需求。服务器需要足够大的存储空间来存储视频档案和相关数据。可以选择多个硬盘组成RAID阵列来提高数据的安全性和读写速度。服务器需要有足够的网络接口来支持高速的数据传输。可以选择支持千兆以太网或者光纤网络接口的服务器。服务器需要稳定可靠的电源供应,因此需要选择一款高质量的电源。

2.视频采集卡

视频采集卡用于将模拟视频信号转换为数字信号,并将其传输到计算机中进行处理和存储。视频采集卡通常具有多种视频输入接口,如HDMI、DVI、VGA、SDI等。不同的视频输入接口适用于不同类型的视频设备,如摄像机、录像机、投影仪等。在选择视频采集卡时,需要根据实际需求选择适合的视频输入接口。视频输入分辨率决定了视频采集卡能够处理的视频信号的清晰度和细节。一般来说,视频采集卡支持的视频输入分辨率越高,视频档案数字化的效果越好。因此,在选择视频采集卡时,需要根据视频档案的分辨率要求选择适当的视频输入分辨率。视频输入格式决定了视频采集卡能够处理的视频信号的编码方式和压缩格式。常见的视频输入格式包括MPEG-2、H.264、AVC等。在选择视频采集卡时,需要根据视频档案的编码格式要求选择适当的视频输入格式。视频采样率决定了视频采集卡对视频信号的采样速度和精度。一般来说,视频采样率越高,视频档案数字化的质量越好。因此,在选择视频采集卡时,需要根据视频档案的质量要求选择适当的视频采样率。视频采集卡通常具有多种视频输出接口,如HDMI、DVI、VGA等。视频输出接口用于将数字视频信号传输到显示设备,如电视、显示器等。在选择视频采集卡时,需要根据实际需求选择适合的视频输出接口。视频采集卡通常还具有音频输入接口,用于将视频信号的音频部分转换为数字信号。音频输入接口可以是模拟接口,也可以是数字接口,如RCA、XLR、AES/EBU等。在选择视频采集卡时,需要根据视频档案的音频格式要求选择适当的音频输入接口。

3.视频存储设备

磁带库是一种用于存储大量磁带的设备,适用于长期存储和备份视频档案。磁带库具备高容量、高可靠性的特点,可以提供安全的长期存储解决方案。硬盘阵列是一种将多个硬盘组合在一起的存储设备,通过RAID技术提供高性能和容错能力。硬盘阵列适用于需要高速读写和可靠性的视频存储需求。存储阵列控制器是一种用于管理和控制硬盘阵列的设备,可以提供数据保护、数据恢复和性能优化等功能。存储阵列控制器适用于大规模视频存储系统,可以提供高可靠性和高性能的存储解决方案。存储扩展设备是一种用于扩展存储容量的设备,可以通过添加硬盘或磁带等方式增加存储空间。存储扩展设备适用于存储需求不断增长的视频档案数字化项目。

4.视频播放器

在档案数字化中,需要处理大量的视频数据,因此播放器的处理器需要具备较高的计算能力和处理速度。一般来说,多核处理器和高主频的处理器是较为理想的选择。档案数字化过程中,视频播放器需要同时处理多个任务,如视频解码、图像处理等。因此,播放器的内存容量需要足够大,以确保流畅的运行和高效的处理。播放器的显示器是用于展示视频内容的重要部分。在档案数字化中,需要对视频进行精细的观察和分析,因此显示器的分辨率和色彩还原能力需要较高。同时,为了方便操作和观看,最好选择具备较大屏幕和广视角的显示器。在档案数字化过程中,需要对视频进行编辑、标注等操作,因此播放器需要配备合适的输入设备,如键盘、鼠标、触摸屏等。此外,为了提高操作的便捷性,最好选择具备快捷键和手势操作功能的输入设备。

二、视频档案数字化的步骤

(一)准备视频档案材料

在准备视频档案材料之前,需要明确数字化的范围和目标。这包括确定要数字化的视频档案的种类、数量和时间范围等。根据实际情况,可以选择数字化全部视频档案或者只选择其中的一部分进行数字化。在准备视频档案材料之前,需要对视频档案进行整理。首先,将视频档案按照一定的分类标准进行分类,如按照时间、地点、内容等进行分类。然后,对每个分类进行进一步的细分，以便更好地管理和利用这些档案。在整理视频档案材料的过程中，还需要对档案进行清理和修复，如清除灰尘、修复破损等。在准备视频档案材料之前，需要制定数字化计划和流程。数字化计划包括确定数字化的时间表、人员安排和资源配置等。数字化流程包括视频档案的采集、转码、编辑和存储等过程。通过制定数字化计划和流程，可以确保数字化工作的顺利进行。

在准备视频档案材料之前，需要准备数字化设备和软件。数字化设备包括视频采集卡、视频转码器、视频编辑器等。数字化软件包括视频采集软件、视频转码软件、视频编辑软件等。通过准备好适当的数字化设备和软件，可以更好地完成视频档案的数字化工作。在准备视频档案材料之前，需要准备数字化存储介质。数字化存储介质包括硬盘、光盘、磁带等。根据实际情况，可以选择合适的数字化存储介质进行视频档案的存储。同时，还需要对数字化存储介质进行备份和归档，以确保视频档案的安全性和可持续性。在准备视频档案材料之前，需要制定数字化标准和规范。数字化标准包括视频格式、分辨率、帧率等。数字化规范包括视频采集、转码、编辑和存储等过程中的操作规范。通过制定数字化标准和规范，可以确保数字化工作的质量和一致性。

（二）视频数字化转换

在进行数字化转换之前，需要对视频进行预处理。这包括清洁和修复视频，以去除噪音、划痕和其他损坏，还可以对视频进行色彩校正和图像稳定，以提高视觉质量。视频捕捉是将传统的模拟视频信号转换为数字信号的过程。这可以通过使用专业的视频捕捉设备来完成，该设备将视频信号连接到计算机，并将其转换为数字格式。视频捕捉设备通常具有各种连接选项，如RCA、S-Video和HDMI，以适应不同类型的视频源。视频编码是将捕捉到的视频信号转换为数字视频文件的过程。在这个阶段，视频信号被压缩和编码，以减小文件大小并提高传输效率。常用的视频编码格式包括MPEG-2、MPEG-4和H.264。编码后的视频文件通常以.avi、.mp4或.mov等格式保存。视频转码是将编码后的视频文件转换为其他格式的过程。这可能是为了适应不同的播放平台或设备，或者为了提高视频质量。转码通常涉及重新编码视频文件，以改变其分辨率、帧速率、比特率等参数。在视频数字化转换完成后，可以对视频进行索引和标记，以方便后续的管理和检索。这可以通过添加元数据、关键字和标签来实现。元数据可以包括视频的标题、描述、作者、日期等信息,而关键字和标签可以帮助用户更容易地搜索和过滤视频。

(三)建立视频数字档案库

在建立视频数字档案库之前,需要明确数字档案库的需求和目标。这包括确定数字档案库的规模、功能和使用方式等。例如,确定数字档案库需要存储多少视频档案,是否需要支持多种视频格式,是否需要提供搜索和检索功能等。选择合适的数字档案库软件是建立视频数字档案库的关键步骤。根据需求和目标,选择一款功能强大、易于使用的数字档案库软件。这些软件通常提供视频存储、索引和检索功能,可以帮助用户管理和浏览视频档案。建立视频数字档案库需要一定的硬件设备支持。首先,需要选择合适的服务器和存储设备来存储视频档案。这些设备需要具备足够的存储空间和性能,以支持大量的视频存储和访问。其次,还需要选择合适的网络设备来支持数字档案库的访问和传输。

建立视频数字档案库需要制定相应的管理规范和流程,以确保数字档案库的正常运行和管理。这包括确定数字档案库的命名规则、分类规则和权限管理规则等。同时,还需要制定数字档案库的备份和恢复策略,以确保视频档案的安全性和可靠性。导入视频档案是建立视频数字档案库的核心步骤之一。首先,需要将视频档案转换为数字格式,以便于存储和管理。这可以通过专业的视频转换工具来实现。然后,将转换后的视频档案导入到数字档案库中,并按照事先制定的规范和流程进行分类和索引。建立视频数字档案库后,需要进行测试和优化,以确保数字档案库的性能和稳定性。这包括测试数字档案库的存储和访问速度,检查是否存在数据丢失或损坏的情况,并根据测试结果进行相应的优化和调整。

(四)视频元数据标注

在进行视频元数据标注之前,首先需要确定要标注的内容。一般来说,视频元数据可以包括以下几个方面的信息:基本信息(标题、作者、制作日期等)、内容描述(摘要、关键词等)、版权信息(版权所有者、使用许可等)、技术信息(视频格式、分辨率、时长等)以及其他附加信息(相关人物、地点、事件等)。在进行视频元数据标注之前,需要收集相关的信息。这些信息可以来自视频本身,也可以来自其他相关的资料。例如,可以通过观看视频来获取基本信息和内容描述,可以查阅相关的文献或采访相关人员来获取更详细的信息。

在收集到相关信息之后,需要将这些信息编写成标注文本。标注文本应该清晰、准确地描述视频的各个方面,同时要符合一定的标准和规范。例如,可以使用标准的元数据标注格式,如Dublin Core、MPEG-7等,将编写好的标注文本录入到数字化系统中。录入过程可以手动完成,也可以通过自动化的方式进行。手动录入的优点是可以更加灵活地处理各种情况,但是速度较慢;自动化录入的优点是速度快,但是可能会出现一些错误。在录入完成之后,需要对标注数据进行校验。校验的目的是确保标注数据的准确性和完整性。可以通过人工校对的方式进行,也可以使用一些自动化的工具进行校验。在校验完成之后,需要将标注数据存储到合适的位置。可以选择将标注数据存储在数据库中,也可以存储在文件系统中。无论选择哪种方式,都需要确保数据的安全性和可访问性。

视频元数据标注的准确性非常重要,它直接影响后续的管理和利用。因此,在进行标注之前,需要确保所收集到的信息是准确的。可以通过多方核实的方式来确保准确性,例如查阅相关的文献、采访相关人员等。视频元数据标注需要保持一致性,即相同的信息在不同的视频中应该使用相同的标注方式。这样可以方便后续的检索和比较。为了保持一致性,可以制定一些标准和规范,并进行培训和监督。视频元数据标注需要保持完整性,即尽可能地提供详细的信息。这样可以提高视频的可理解性和可利用性。为了保持完整性,可以制定一些标准和规范,并进行培训和监督。视频元数据标注需要具有一定的可扩展性,即可以根据需要添加新的标注项。这样可以适应不同的需求和应用场景。为了保持可扩展性,可以使用一些通用的标注格式,如Dublin Core、MPEG-7等。视频元数据标注需要具有一定的可管理性,即可以方便地进行管理和维护。为了提高管理效率,可以使用一些专业的数字化系统或软件,如数字档案管理系统、视频管理系统等。

(五)维护和更新视频数字档案库

建立档案管理制度是维护和更新视频数字档案库的基础。档案管理制度应包括档案管理的组织机构、职责分工、工作流程、档案管理规范等内容。制定档案管理制度可以确保档案管理工作的有序进行,提高档案管理的效率和质量。制定档案维护和更新计划是确保视频数字档案库得到及时维护和更新的关键。档案维护和更新计划应包括维护和更新的频率、内容、责任人等信息。根据档案的重要性和使用频率,可以制定不同的维护和更新计划,以确保档案库的及时性和完整性。

定期检查档案库的完整性和准确性是维护和更新视频数字档案库的重要步骤。通过定期检查,可以发现档案库中存在的问题,及时进行修复和更新。检查的内容包括档案的完整性、准确性、索引的准确性等。可以通过比对实际档案和数字档案库中的档案进行检查,或者通过随机抽查的方式进行检查。根据检查结果,对档案库中存在的问题进行修复和更新。修复和更新的内容包括档案的缺失、损坏、错误等。修复和更新的方法可以是重新采集档案、修复损坏的档案、更新档案的元数据等。修复和更新的过程需要记录下来,以便日后的查询和审计。定期备份档案库是确保数字档案的安全性和可靠性的重要措施。备份的频率可以根据档案的重要性和变动情况来确定。备份的内容包括档案的元数据、档案文件、索引等。备份的方式可以是硬盘备份、云备份等。备份的数据需要进行加密和存储,以确保数据的安全性。

培训档案管理人员是确保视频数字档案库得到有效维护和更新的重要环节。培训的内容包括档案管理的基本知识、档案管理的操作技能、档案管理的规范要求等。培训的方式可以是面对面培训、在线培训等。培训的过程需要进行评估和反馈,以确保培训效果的达到。定期评估档案管理工作是确保视频数字档案库维护和更新工作的质量和效果的重要手段。评估的内容包括档案管理的组织机构、工作流程、档案管理规范等。评估的方法可以是问卷调查、实地检查等。评估的结果需要进行分析和总结,以便对档案管理工作进行改进和优化。

三、视频档案数字化的文件格式选择

(一)视频文件格式

1.AVI视频格式

AVI格式是一种容器格式,可以包含音频和视频数据,以及其他元数据(字幕、章节等)。AVI格式的优点之一是它的广泛兼容性。几乎所有的操作系统和多媒体播放器都支持AVI格式，这使得它成为一种非常通用的视频格式。此外，AVI格式还支持多种编解码器，包括DivX、Xvid、MPEG-4等，这使得用户可以选择最适合自己需求的编解码器进行视频压缩和解压缩。AVI格式的另一个优点是它支持多种音频和视频流。这意味着可以将多个音频和视频轨道存储在同一个AVI文件中，从而实现多语言、多声道等功能。这对于制作双语字幕、多音轨电影等来说非常有用。然而，AVI格式也有一些缺点。首先，AVI格式的文件大小通常比较大，这是因为它使用了较为简单的压缩算法。相比之下，现代的视频格式如MP4使用更高效的压缩算法，可以在保持较高质量的同时减小文件大小。其次，AVI格式不支持流式传输，这意味着在网络上播放AVI格式的视频时，需要等待整个文件下载完成才能开始播放。AVI格式还有一些其他的限制。它不支持无损压缩，这意味着无法保留视频的原始质量。此外，AVI格式也不支持字幕和章节等高级功能。

2.MP4视频格式

MP4是一种多媒体容器格式，可以存储音频、视频、字幕和静态图像等多种媒体数据。MP4格式的优点包括高压缩比、高质量、广泛兼容性和多平台支持。MP4格式采用先进的视频编码算法，可以在保持较高画质的同时实现较小的文件大小，节省存储空间和传输带宽。MP4格式支持多种视频编码标准，如H.264、H.265等，这些编码标准可以提供更高的视频质量和更低的失真。MP4格式是一种通用的视频容器格式，几乎所有的主流操作系统、播放器和设备都支持MP4格式的播放和解码。MP4格式可以在Windows、Mac、Linux等不同操作系统上播放，也可以在手机、平板、电视等多种设备上播放。

MP4格式支持多种音频、视频和字幕轨道，可以实现多语言、多角度、多版本等功能，满足不同用户的需求。MP4格式支持自定义的元数据和标签，可以添加标题、描述、封面图等信息，方便用户管理和查找视频文件。MP4格式支持流媒体传输，可以实现实时的视频播放和在线观看，适用于网络直播、视频会议等应用场景。MP4格式支持数字版权管理技术，可以对视频内容进行加密、签名和授权，保护知识产权和商业利益。

3.MOV视频格式

MOV格式是一种跨平台的视频格式，可以在Windows、Mac、iOS等多个操作系统上播放和编辑。MOV格式支持多种视频和音频编码，可以实现较高的压缩比，减小文件大小，节省存储空间。MOV格式支持无损压缩和有损压缩两种方式，可以保持较高的视频画质。MOV格式支持多种视频编码，包括H.264、MPEG-4、MJPEG等，以及多种音频编码，包括AAC、MP3等。MOV格式可以支持多种分辨率，从低分辨率到高清分辨率，满足不同需求的视频播放和编辑。

MOV格式可以在多个操作系统上播放和编辑，方便用户进行视频的传输和共享。MOV格式支持多种视频和音频编码，可以实现较高的压缩比，减小文件大小，节省存储空间。MOV格式支持无损压缩和有损压缩两种方式，可以保持较高的视频画质。MOV格式支持多种视频编码和音频编码，满足不同需求的视频播放和编辑。MOV格式可以支持多种分辨率，满足不同需求的视频播放和编辑。由于支持较高的画质和压缩比，MOV格式的文件大小相对较大，占用存储空间较多。由于MOV格式是苹果公司开发的，部分非苹果设备可能不支持该格式的播放和编辑。

4.WMV视频格式

WMV格式使用了高效的压缩算法，可以在保持较高视频质量的同时，大幅减小文件大小。这使得WMV格式非常适合在网络上传输和存储视频文件。WMV格式支持高分辨率和高比特率的视频，可以提供清晰、流畅的视频播放体验。WMV格式可以在Windows操作系统上无缝播放，并且也可以在其他平台上进行转换和播放，如Mac、Linux等。WMV格式支持数字版权管理（DRM）技术，可以对视频内容进行保护，防止非法复制和分发。

WMV格式可以将视频文件压缩到较小的大小，这对于网络传输和存储空间的节省非常有利。WMV格式可以提供高质量的视频播放，无论是在电视、计算机还是移动设备上，都可以获得清晰、流畅的观看体验。WMV格式可以在多种平台上进行转换和播放，这使得它成为一种非常灵活和广泛适用的视频格式。WMV格式支持数字版权管理技术，可以保护视频内容的安全性，防止非法复制和分发。

5.FLV视频格式

FLV是一种用于在互联网上传输和播放视频的格式。它是由Adobe公司开发的，最初是为了在Flash平台上播放视频而设计的。FLV格式具有较小的文件大小和较高的压缩比,因此非常适合在网络上传输和共享视频内容。

FLV格式使用了高效的视频压缩算法,可以将视频文件的大小大大减小,从而更容易在网络上传输和共享。这对于用户来说意味着更快的下载速度和更少的带宽消耗。尽管FLV格式的文件大小较小,但它仍然能够提供高质量的视频播放体验。这是因为FLV格式使用了先进的视频压缩技术,如H.264编码,以保持视频的清晰度和细节。FLV格式是一种流媒体格式,可以实现视频的实时传输和播放。这意味着用户可以在视频还在下载的同时开始观看,而不需要等待整个文件下载完成。FLV格式可以在多个平台上播放,包括Windows、Mac、Linux等操作系统。这使得FLV格式成为一种广泛使用的视频格式,可以满足不同用户的需求。FLV格式支持在视频中添加交互式功能,如暂停、播放、跳转等。这使得视频内容更具互动性,能够更好地吸引观众的注意力。

FLV格式支持多种视频编码格式,包括H.264、VP6等。其中,H.264是一种高效的视频压缩算法,可以提供更好的视频质量和较小的文件大小。FLV格式支持在视频文件中添加元数据,如视频标题、作者、描述等。这些元数据可以提供更好的用户体验和搜索功能。FLV格式支持在视频中添加字幕和章节信息。这使得用户可以更好地理解视频内容,并快速导航到感兴趣的部分。

6.MKV视频格式

MKV格式是一种开放的多媒体容器格式,没有专利限制,任何人都可以自由使用和修改。MKV格式可以容纳多种不同编码的视频、音频和字幕流,包括常见的H.264、H.265、MPEG-4、AAC、MP3等。MKV格式支持高级的容器功能,如菜单、章节、元数据和多种音轨。这些功能使得MKV格式在制作DVD、蓝光和网络视频时非常有用。由于MKV格式支持多种编码,可以容纳高质量的视频流,因此MKV格式在存储高清和超高清视频时非常受欢迎。MKV格式可以容纳不同编码的音频和字幕流,使得用户可以自由选择不同的语言和字幕。

MKV格式支持高质量的视频和音频编码,可以容纳高清和超高清视频,保证了视频的观看体验。MKV格式支持多种编码和容器功能,可以容纳多种不同的媒体流,满足不同用户的需求。MKV格式在各种操作系统和设备上都有很好的兼容性，包括Windows、Mac、Linux以及各种手机、平板和电视设备。MKV格式支持菜单、章节、元数据和多种音轨等容器功能，使得用户可以更好地管理和浏览视频内容。MKV格式是一种开放的格式，没有专利限制，任何人都可以自由使用和修改，这使得MKV格式在开源社区中非常受欢迎。

（二）视频文件格式选择的考虑因素

1.兼容性

兼容性指的是视频格式在不同的设备、平台和软件上的可读性和可播放性。选择具有良好兼容性的视频格式可以确保视频档案在不同的环境中能够被顺利播放和使用。

视频档案可能需要在不同的设备上播放，如计算机、手机、平板电脑、电视等。不同设备支持的视频格式可能有所不同，因此选择一种被广泛支持的视频格式可以确保视频在各种设备上都能够播放。不同的操作系统可能对视频格式的支持程度不同。例如，Windows操作系统对WMV和AVI格式的支持较好，而Mac操作系统对MOV和MP4格式的支持较好。因此，在选择视频格式时，需要考虑目标用户所使用的操作系统，以确保视频能够在其操作系统上正常播放。如果视频档案需要在网页上播放，那么需要考虑不同浏览器对视频格式的支持程度。目前，HTML5已经成为主流的网页视频播放标准，支持的视频格式包括MP4、WebM和Ogg。因此，选择这些被广泛支持的视频格式可以确保视频在各种浏览器上都能够正常播放。在视频档案数字化过程中，可能需要使用不同的软件进行视频编辑、转码和压缩等操作。不同的软件对视频格式的支持程度也有所不同，因此选择一种被广泛支持的视频格式可以确保视频能够在各种软件上进行处理和编辑。视频档案的数字化是为了长期保存和使用，因此需要考虑视频格式的未来兼容性。选择一种被广泛支持和广泛使用的视频格式可以确保视频在未来的技术发展中仍然能够被读取和播放。

2.视频质量

视频质量直接影响着视频的清晰度、色彩还原度、动态范围等方面，对于保留和传播视频档案的价值至关重要。

分辨率是指视频图像的像素数量，通常以宽度×高度的形式表示。较高的分辨率可以提供更清晰的图像细节和更大的视觉效果,但也会增加文件大小和处理要求。在选择视频格式时,需要考虑原始视频档案的分辨率,并根据数字化后的用途和存储条件来确定最佳的分辨率。视频压缩是为了减小视频文件的大小,提高传输和存储效率。不同的压缩算法对视频质量的影响不同。有损压缩算法会丢失一些图像细节,从而降低视频质量,但可以显著减小文件大小。相比之下,无损压缩算法可以保留更多的图像细节,但会导致更大的文件大小。在选择视频格式时,需要根据视频质量和文件大小的平衡来选择合适的压缩算法。

编码器是将视频数据转换为特定格式的软件或硬件。不同的编码器对视频质量的影响也不同。一些高效的编码器可以提供更好的视频质量,同时减小文件大小。在选择视频格式时,需要考虑使用的编码器,并根据其性能和兼容性来评估视频质量。色彩空间指的是视频图像中可用的颜色范围。不同的色彩空间可以提供不同的色彩还原度和动态范围。一些视频格式支持更广泛的色彩空间,可以提供更丰富的颜色和更高的色彩还原度。在选择视频格式时,需要考虑原始视频档案的色彩空间,并根据数字化后的用途和存储条件来确定最佳的色彩空间。帧率是指视频中每秒显示的图像数量。较高的帧率可以提供更流畅的视频播放效果,但也会增加文件大小和处理要求。在选择视频格式时,需要考虑原始视频档案的帧率,并根据数字化后的用途和存储条件来确定最佳的帧率。

3.文件大小

视频分辨率是指视频的像素数量,通常以宽度和高度来表示。较高的分辨率会导致更大的文件大小,因为更多的像素需要被存储。因此,在选择视频格式时,需要根据实际需求平衡分辨率和文件大小之间的关系。视频编码是将视频数据压缩为更小的文件大小的过程。不同的视频编码方式具有不同的压缩效率,因此会对最终的文件大小产生影响。常见的视频编码方式包括H.264、H.265、VP9等。在选择视频格式时,需要考虑编码方式的压缩效率,以达到合适的文件大小。比特率是指视频每秒传输的数据量,通常以bps(比特每秒)为单位。较高的比特率会导致更大的文件大小,因为更多的数据需要被存储。在选择视频格式时,需要根据实际需求平衡比特率和文件大小之间的关系。

帧率是指视频每秒包含的帧数,通常以fps(帧每秒)为单位。较高的帧率会导致更大的文件大小,因为更多的帧需要被存储。在选择视频格式时,需要根据实际需求平衡帧率和文件大小之间的关系。视频的长度也会对文件大小产生影响。较长的视频会导致更大的文件大小,因为更多的时间需要被存储。在选择视频格式时,需要根据实际需求平衡视频长度和文件大小之间的关系。视频文件大小直接影响到存储需求。较大的文件大小会占用更多的存储空间,因此在选择视频格式时,需要考虑可用的存储空间和预算。视频文件大小也会影响到传输速度。较大的文件大小会导致传输时间更长,因此在选择视频格式时,需要考虑传输速度的要求。

4.编码效率

视频编码效率指的是在保持视频质量不变的情况下,所需的存储空间或传输带宽的大小。视频编码效率越高,所需的存储空间或传输带宽就越小,从而可以更好地满足数字化处理的需求。

视频编码算法通过对视频信号进行压缩和编码,以减少存储空间或传输带宽的需求。常见的视频编码算法包括H.264、H.265、VP9等。这些编码算法在压缩率和视频质量之间进行权衡,不同的算法在不同的应用场景下有不同的优势。较高的分辨率和帧率会增加视频的细节和流畅度,但同时也会增加视频的数据量。在选择视频格式时,需要根据具体的应用需求和资源限制来确定合适的分辨率和帧率,以达到最佳的视频编码效率。不同的视频内容具有不同的特点,对视频编码效率的要求也不同。例如,动作片和体育赛事等内容通常具有较高的运动速度和细节变化,对视频编码算法的压缩能力和处理速度有较高的要求。而静态场景或演讲等内容则对视频编码算法的压缩能力和细节保留能力有较高的要求。在选择视频格式时,需要根据视频内容的特点来确定合适的视频编码算法,以达到最佳的视频编码效率。

视频编码效率直接影响所需的存储空间和传输带宽的大小。在数字化处理过程中,通常会面临存储空间和传输带宽有限的情况,因此需要选择具有较高视频编码效率的视频格式,以减少存储和传输成本。

参考文献

REFERENCE

[1]崔艳美.文书档案管理中存在的问题及对策探究[J].兰台内外,2022(16):13-15.

[2]李媛.文书档案整理归档流程及注意事项探究[J].兰台内外,2021(24):52-53.

[3]陆心缘.办公室文书档案规范化管理[J].现代企业文化,2022(16):22-24.

[4]胡臻.电子文件管理问题与对策[J].办公室业务,2019(20):12.

[5]杨晓峰.制定电子文件的形成、积累与归档制度探讨[J].黑龙江科技信息,2016(05):156.

[6]赵文伟.电子档案的保管与利用[J].黑龙江档案,2021(03):52-53.

[7]闫冬.浅谈电子档案的保管与利用[J].兰台内外,2017(06):54.

[8]曹静霞.服务器虚拟化技术在档案信息化建设中的应用[J].浙江档案,2013(08):58-59.

[9]何江,中华,嘉辰.免拆卷档案数字化扫描仪及自动处理系统研究[J].中国档案,2016(03):60-61.

[10]熊先锋.数据存储介质的形式与特点[J].电脑开发与应用,2012,25(11):60-61.

[11]齐开林.档案管理信息系统建设应注意的几个问题[J].陕西档案,2023(01):55-56.

[12]刘瑛.数字档案室建设模式探索[J].黑龙江档案,2020(03):112-113.

[13]刘希娟.数字档案馆建设研究[J].黑龙江档案,2021(03):90-91.

[14]卢忆穗.关于档案网站建设的思考[J].档案时空,2019(06):30-31.

[15]卢丹.新时期档案信息化保障体系建设举措探讨[J].档案天地,2022(02):35-36.

[16]历佳."互联网+档案"形势下高校档案信息安全保障体系的技术保障[J].兰台世界,2020(01):73-75.

[17]张悦.档案信息化与档案信息安全保障体系的构建[J].电子元器件与信息技术,2021,5(08):135-136.

[18]杨生俊.档案人才队伍建设的思考[J].兰台内外,2019(24):68-69.

[19]李玉玲.档案信息化标准的发展研究[J].黑龙江档案,2021(06):274-275.

[20]吴明华.档案信息化标准体系建设研究[J].办公室业务,2014(15):153-154.

[21]杨静.浅谈档案信息化标准体系的构建[J].陕西档案,2013(05):15.

[22]金萍.多载体档案的有效管理与系统利用的研究[J].兰台世界,2012(23):58-59.

[23]彭超.信息化背景下档案服务与利用开发的问题与对策[J].兰台内外,2020(03):11-12.

[24]陈晓.纸质档案数字化流程管理探讨[J].城建档案,2017(07):26-27.

[25]刘江霞.模拟音视频档案数字化质量控制研究[J].档案学研究,2018(01):101-106.

[26]李宏明,李智彦,罗亚利.视频档案数字化过程安全策略研究[J].档案管理,2016(02):49-51.